"ධම්මෝ හි වාසෙට්ඨා, සෙට්ඨෝ ජනේතස්මිං
දිට්ඨේ චේව ධම්මේ, අභිසම්පරායේ ච."

වාසෙට්ඨයෙනි, මෙලොවෙහි ත්, පරලොවෙහි ත්
ජනයා අතර ධර්මය ම ශ්‍රේෂ්ඨ වෙයි !

- අග්ගඤ්ඤ සූත්‍රය - භාග්‍යවත් බුදුරජාණන් වහන්සේ

නුවණ වැඩෙන බෝසත් කථා - 36
ජාතක පොත් වහන්සේ
(මණිකුණ්ඩල වර්ගය)

පූජ්‍ය කිරිබත්ගොඩ ඥාණානන්ද ස්වාමීන් වහන්සේ

© සියලුම හිමිකම් ඇවිරිණි.

ISBN : 978-955-687-161-6

ප්‍රථම මුද්‍රණය : ශ්‍රී බු.ව. 2562 ක් වූ වෙසක් මස පුන් පොහෝ දින

සම්පාදනය : මහමෙව්නාව භාවනා අසපුව
වඩුවාව, යටිගල්ඔළුව, පොල්ගහවෙල.
දුර : 037 2244602
info@mahamevnawa.lk | www.mahamevnawa.lk

පරිගණක අකුරු සැකසුම, පිටකවර නිර්මාණය සහ ප්‍රකාශනය :
මහාමේඝ ප්‍රකාශකයෝ
වඩුවාව, යටිගල්ඔළුව, පොල්ගහවෙල.
දුර : 037 2053300, 076 8255703
mahameghapublishers@gmail.com

මුද්‍රණය : ලීඩ්ස් ග්‍රැෆික්ස් (පුද්.) සමාගම,
අංක 356 E, පන්නිපිටිය පාර, තලවතුගොඩ.
ටෙලි: 011-4301616 / 0112-796151

නුවණ වැඩෙන බෝසත් කථා - 36

ජාතක පොත් වහන්සේ

(මණිකුණ්ඩල වර්ගය)

සරල සිංහල පරිවර්තනය

පූජ්‍ය කිරිබත්ගොඩ ඤාණානන්ද
ස්වාමීන් වහන්සේ

මහාමේඝ
MAHAMEGHA

ප්‍රකාශනයකි

පෙරවදන

ජාතක පොත් වහන්සේ ඔබ කියවලා ඇති. කුඩා අවධියේත්, පාසලේදීත්, සරසවියේත්, පන්සලේ බණ මඩුවේත්, වෙසක් නාඩගමේත් අපි ජාතක කථා රස වින්දෙමු. නමුත් එහි සැබෑ අරුත කුමක් දැයි තේරුම් ගන්නට අප සමත් වූ වගක් නම් නොපෙනේ.

'නුවණ වැඩෙන බෝසත් කථා' නමින් ඒ ජාතක කථා ඔබේම භාෂාවෙන් ඔබට කියවන්නට ලැබෙන්නේ එයින් ඉස්මතු වන අරුතත් සමඟිනි. මෙහි අරුත් දැන එම කථාවත් මතක තබා ගෙන සත්පුරුෂ ගුණධර්ම දියුණු කර ගන්නට මහන්සි ගන්නේ නම් එය ජාතක කථාවෙන් ඔබට ලැබෙන සැබෑම ප්‍රතිඵලයයි.

හැම දෙනාටම තෙරුවන් සරණයි!

මෙයට,
ගෞතම බුදු සසුන තුළ මෙත් සිතින්,
පූජ්‍ය කිරිබත්ගොඩ ඤාණානන්ද ස්වාමීන් වහන්සේ
ශ්‍රී බුද්ධ වර්ෂ 2560 ක් වූ වෙසක් මස 31 දා

මහමෙව්නාව භාවනා අසපුව
වඩුවාව, යටිගල්ඔළුව,
පොල්ගහවෙල.

පටුන

36. මණිකුණ්ඩල වර්ගය

1. **මණිකුණ්ඩල ජාතකය**
   ආක්‍රමණයකට ගොදුරු වූ බෝසත් රජුගේ කතාව **09**

2. **සුජාත ජාතකය**
   සිය පියාගේ ශෝක දුක දුරුලූ සුජාතගේ කතාව **15**

3. **ධෝනසාඛ ජාතකය**
   විහිද ගිය අතුපතර ඇති නුගරුකට කළ
   මිනිස් බිලි පූජාව ගැන කතාව **22**

4. **උරග ජාතකය**
   උරගයා හැව හැර යන සෙයින් සත්වයා
   මිය යාම ගැන කතාව **31**

5. **ඝත ජාතකය**
   විපත සැපතට හරවාගත් ඝත රජ්ජුරුවන්ගේ කතාව .. **43**

6. **කාරණ්ඩිය ජාතකය**
   ගුරුවරයාට වෙන අනවශ්‍ය වෙහෙසින් වැළකූ
   කාරණ්ඩිය පණ්ඩිතගේ කතාව **48**

7. **ලටුකික ජාතකය**
   ඇත් රජාගෙන් පළිගත් කැට කිරිල්ලගේ කතාව **55**

8. **චුල්ලධම්මපාල ජාතකය**
   පියරජුගේ වධයට ලක් වූ චුල්ල ධර්මපාල
   කුමරුගේ කතාව **62**

9. **සුවණ්ණමිග ජාතකය**
   මුව දෙන දිවි පුදා රන් මුවා බේරාගත් කතාව **71**

10. **සුසන්ධි ජාතකය**
    සුසන්ධි බිසොවගේ කතාව **80**

නමෝ තස්ස භගවතෝ අරහතෝ සම්මාසම්බුද්ධස්ස
ඒ භාග්‍යවත් අර්හත් සම්මා සම්බුදුරජාණන් වහන්සේට නමස්කාර වේවා!

01. මණිකුණ්ඩල ජාතකය

ආක්‍රමණයකට ගොදුරු වූ බෝසත් රජුගේ කතාව

පින්වතුනේ, පින්වත් දරුවනේ,

කෙලෙසුන්ගෙන් කිළිටි වී ගිය ලෝකයේ ඒ කාලයේ පවා කෙලෙස් නිසා අනවශ්‍ය ප්‍රශ්න ඇති වෙනවා. සිල් රකිනා අය අතරේ නම් මෙවැනි ප්‍රශ්න හට ගන්නේ නෑ. මේ එබඳු කතාවක්.

ඒ දිනවල අපගේ භාග්‍යවතුන් වහන්සේ වැඩ වාසය කොට වදාළේ සැවැත්නුවර ජේතවනයේ. ඔය දවස්වල කොසොල් රජ්ජුරුවන්ගේ සියලු කටයුතුවලට උපකාරී වන ඇමතියෙක් සිටියා. මේ ඇමතියා හොරාට අන්තඃපුරයට රිංගනවා. අන්තඃපුරේ බිසොවක් එක්ක රහස් සම්බන්ධතාවක් පවත්වනවා. දවසක් මේක කොසොල් රජ්ජුරුවන්ගේ අතට අහුවුනා. බැලින්නං ඒ බිසොවත් කොසොල් රජ්ජුරුවන්ගේ ආදර සැලකිල්ලට ලක් වූ හැඩකාර එකියක්. ඒ නිසා කොසොල් රජ්ජුරුවන්ගේ සිතට තවත් දුකයි. ඒ වගේම ඇමතියාත් නැතිව ම බැරි අයෙක්. පිටුවහල් කළොත් පාඩු රජ්ජුරුවන්ට ම යි.

රජ්ජුරුවෝ කලබල නොවී මේ කාරණය භාග්‍යවතුන් වහන්සේට සැළකලා. භාග්‍යවතුන් වහන්සේ මෙසේ වදාළා.

"මහරජ, ඔය දෙන්නාට ම අවවාද කොට සමාව දෙන්ට. ඒ ඇමතියාත් බොහෝ උපකාරී අයෙක් නොවැ. බිසොවත් ඔබට ඉතා ප්‍රිය මනාපව සිටි තැනැත්තියක් නොවැ. ඒ නිසා කලබල නොවුන එක බොහෝම හොඳයි. හැබැයි අවවාද කරන්ට. ඔය කෙලෙස් සහිත ලෝකයේ හැටි නොවැ. ඉස්සරත් රාජ්‍යවල ඔහොම දේ වුනා. ඒ අවස්ථාවලදී අන්තඃපුරය දූෂණය කළ ඇමතියාව පිටුවහල් කිරීම නිසා ඉතා ධාර්මික රජවරුන්ටත් හරියට කරදර වුනා."

එතකොට කොසොල් රජ්ජුරුවෝ ඉස්සර සිදු වූ ඒ සිදුවීම ගැන කියා දෙන්ට කියා භාග්‍යවතුන් වහන්සේගෙන් ඉල්ලා සිටියා. භාග්‍යවතුන් වහන්සේ මේ අතීත කතාව ගෙනහැර දක්වා වදාළා.

"මහරජ, ගොඩාක් ඉස්සර කාලෙක බරණැස් නුවර බ්‍රහ්මදත්ත නමැති රජ්ජුරු කෙනෙක් රාජ්‍ය විචාරමින් සිටියා. ඔය කාලේ මහාබෝධිසත්වයෝ ඒ බරණැස් රජ්ජුරුවන්ගේ පුත් කුමාරයා වෙලා උපන්නා. පිය රජ්ජුරුවන්ගේ අභාවයෙන් පස්සේ පුත් කුමාරයා බරණැස් රජු බවට පත් වුනා. මේ රජ්ජුරුවෝ ඉතාම ධාර්මිකව රාජ්‍ය පාලනයේ යෙදුනා.

මේ රජ්ජුරුවන්ගේ අමාත්‍යවරයෙක් හොරෙන් හොරෙන් අන්තඃපුරයට රිංගලා බිසොවක් දූෂණය කරන්ට පුරුදු වෙලා සිටියා. දවසක් මේක රජ්ජුරුවන්ගේ අතට ම අහුවුනා. එතකොට රජ්ජුරුවෝ අවවාද කළා.

ඒ ඇහුවෙත් නෑ. ඊට පස්සේ රජ්ජුරුවෝ මේ ඇමතියාව පිටුවහල් කළා. ඇමතියා රජ්ජුරුවන් සමඟ වෛර බැඳගත්තා. කොසොල් ජනපදයට ගොහින් ඒ රජ්ජුරුවෝ යටතේ සේවය කරන්ට පටන් ගත්තා. ටිකෙන් ටික කොසොල් රජ්ජුරුවෝ සමඟ ඉතාමත් කුලුපග මිත්‍ර ලීලාවක් පෙන්නන්ට පටන් ගත්තා. එහෙම මිත්‍රලීලාවක් පෙන්නා බරණැස් රාජ්‍යය ආක්‍රමණය කරන්ට කොසොල් රජ්ජුරුවන්ව පොළඹවා ගත්තා. කොසොල් රජ්ජුරුවොත් මොහුගේ උපායට හසුවුනා.

දවසක් කොසොල් රජු බරණැස් නගරය ආක්‍රමණය කරලා බරණැස් රජ්ජුරුවන්ව ජීවග්‍රාහයෙන් අල්ලාගෙන මාංචු දමා බන්ධනාගාරගත කළා. බරණැස් රජ්ජුරුවෝ සිතට කෝපය ගත්තේ නෑ. ශෝකයක් ඇති කරගත්තෙත් නෑ. මෙත් සිත වඩා ධ්‍යාන උපදවා ගත්තා. එතකොට ආක්‍රමණික රජුට බරණැස් රජුගේ සිරි යහනේ ඉන්ට බැරිව ගියා. ඇඟෙන් දහඩිය දමන්ට ගත්තා. මුළු ශරීරය ම දවන්ට තවන්ට පටන් ගත්තා. එතකොට රජ්ජුරුවෝ ඇමතිවරු කැඳවා තමන්ට මොහොතක්වත් සැනසීම නැති බව කිව්වා.

"මහරජ, ඔබ ආක්‍රමණය කළේ වැරදි තැනක්. මේ ධාර්මික රජුව ආක්‍රමණය කරන්ට නොවේ තිබුණේ, ආරක්ෂා කරන්ටයි. අපට දැනගන්ට ලැබුනා. බරණැස් රජ්ජුරුවෝ අන්න සිර මැදිරියේ ම ධ්‍යාන උපදවාගෙන පළඟක් බැඳ පොළවට උඩින් වාඩි වී ඉන්නවා ලු."

එතකොට ආක්‍රමණික රජු ඉක්මනින් ම බරණැස් රජ්ජුරුවන්ව බලන්ට ගියා. එතකොටත් රජ්ජුරුවෝ භාවනානුයෝගීව උන්නා. ආක්‍රමණික කොසොල් රජු

පුදුමයට පත්වුනා. කොසොල් රජ්ජුරුවෝ බරණැස් රජ්ජුරුවන්ගෙන් මේ පළමු ගාථාව ඇසුවා.

(1)

තොප මහරජ මේ මොහොතේ -
රථයන්ගෙන්, ආජානේය අසුන්ගෙන්
මිණිකොඩොල් මුතු අබරණයන්ගෙන් -
දරුවන්ගෙන් බිසෝවරුන්ගෙන්
සියලුම භව භෝග සම්පතින් -
පැරදී හැම දේ අහිමිව ඉන්නේ
ශෝකෙන් තැවි තැවි ඉන්නට නේ -
සිදුවෙලා තියෙන්නේ
එනමුදු ඔබ කුමක් හෙයින් දෝ -
කිසිවක් සිදු නොවුන විලස සතුටින් ඉන්නේ

කොසොල් රජ්ජුරුවෝ ඇසූ මේ ගාථාවට පිළිතුරු වශයෙන් බෝධිසත්වයෝ මේ ගාථාවන් පැවසුවා.

(2)

කාමයන් ම කැමති රජුනි -
සියලු වස්තු කලින් ම මිනිසාව අත්හරියි
නැතිනම් හැමට පළමු මිනිසා -
ඒ සම්පත් අත්හැර මිය යයි
ඔබ පැවසූ මේ තිබෙනා හැම සම්පත් -
හැමදා පවතින වස්තු නොවේ
මෙය නොදන්න අය -
ඒවා නැති විට ශෝක කරන මුත්
මං ශෝකෙන් තොරව ඉන්නවා

(3)

සතුරන් හදාගන්ට කැමති රජුනි -
සඳත් අහසෙ නැගී සෙමින් අවරට යනවා
හිරු ද පොළොව උණුසුම් කොට -
අවරට ගොස් බැස යනවා
අටලෝ දහමට කැරකෙන මේ ලෝකය ගැන -
මං අවබෝධයෙනුයි ඉන්නේ
මෙය නොදන්න අය -
ඒවා නැති විට ශෝක කරන මුත්
මං ශෝකෙන් තොරව ඉන්නවා

බෝධිසත්වයෝ මේ විදිහට රජ්ජුරුවන්ට ධර්මය පවසා අවවාද කිරීම් වශයෙන් මේ ගාථාවන් පැවසුවා.

(4)

කම්සැප විඳිනා ගිහියා කම්මැලියෙක් නම් -
ඔහු හොඳ ගිහියෙකුත් නොවේ
ඉඳුරන් සංවර නොමැති පැවිද්දා -
හොඳ පැවිද්දෙකුත් නොවේ
විමසා නොබලා කටයුතු කරනා රජු -
හොඳ රජෙකුත් නොවේ
යම් නුවණැතියෙක් ක්‍රෝධ බඳියි නම් -
හොඳ නුවණැතියෙකුත් නොවේ

(5)

දිසාවන්ට අධිපති රජතුමනි -
ක්ෂත්‍රියයා කටයුතු කළ යුත්තේ
නුවණින් විමසා බලාය නිසි ලෙස -
නොවිමසා වැඩ නොකරයි

මැදහත් මනසින් විමසා බලමින් -
රටවැසියා පාලනය කරයි
එලෙසින් කටයුතු කරනා රජුගේ -
යස පිරිවර කීර්තියත් නැගෙයි

එතකොට ආක්‍රමණික කොසොල් රජු බෝධිසත්වයන්ගෙන් සමාව ගත්තා. ආපසු රාජ්‍ය භාරදුන්නා. තමන්ව මේ අපරාධයට මෙහෙයවූ ඇමතියාට රාජදණ්ඩන පැමිණෙව්වා. වෙනත් රාජ්‍යයකින් ආක්‍රමණයක් නොවන අයුරින් බරණැස් රාජ්‍ය ආරක්ෂා කරන්ටත් පොරොන්දු වුනා. ආපසු තමන්ගේ රාජ්‍යයට ම ගියා. එදා බරණැස ආක්‍රමණය කළ කොසොල් රජුව සිටියේ අපගේ ආනන්දයෝ. බරණැස රජ ව සිටියේ මම" යි කියා භාග්‍යවතුන් වහන්සේ මේ ජාතකය නිමවා වදාළා.

02. සුජාත ජාතකය
සිය පියාගේ ශෝක දුක දුරැලූ සුජාතගේ කතාව

පින්වතුනේ, පින්වත් දරුවනේ,

ඇතැම් අයට තමන්ගේ සමීපතම ඥාතියෙක් හදිසියේවත් මරණයට පත් වුනොත් ශෝක දුක නැති කරගන්ට ගොඩාක් අමාරුයි. ඒ ගැන ම නිතර මතක් වෙන ගානේ හඬ හඬා වැලපි වැලපී දැඩි වෙහෙසකින් කල් ගෙවනවා. එවන් දුකකට පත් වූ කෙනෙක් ගැනයි මේ කතාව.

ඒ දිනවල අපගේ භාග්‍යවතුන් වහන්සේ වැඩ වාසය කළේ සැවැත්නුවර ජේතවනයේ. ඔය කාලයේ සැවැත්නුවර සාමාන්‍ය ගොවි පවුලක් වාසය කළා. ඒ ගෙදර වයසක සීයා කෙනෙක් හිටියා. ගෙදර ප්‍රධාන උපාසකගේ තාත්තා. මේ උපාසක තමන්ගේ වයසක තාත්තාට ගොඩාක් ආදරෙයි. ඉතින් දවසක් මේ සීයා මරණයට පත් වුනා. එතකොට මේ උපාසකට තමන්ගේ පියා මළ දුක නැති කරගන්ට කොහෙත්ම බැරි වුනා. තාත්තා ගැන ම කිය කියා හඬමින් ඉන්නවා මිසක් වෙන කටයුත්තක් කරගන්ට බැරිව ගියා.

අපගේ භාග්‍යවතුන් වහන්සේ හිමිදිරි පාන්දර මහාකරුණා සමාපත්තියට සමවැදී ධර්මාවබෝධය පිණිස සසරේ රැස් කළ පින් තියෙනා අය කව්දැයි බුදු ඇසින් බලද්දී මේ ශෝක දුකින් පීඩිතව ඉන්නා උපාසක සෝවාන් ඵලයට පත්වෙන්ට පින් ඇති අයෙක් බව දැක වදාළා. ඉතිං එදා අපගේ මහාකාරුණික ශාස්තෘන් වහන්සේ සැවැත්නුවර පිඬු සිඟා වැඩම කොට දානයෙන් පසු තවත් භික්ෂුවක් සමඟ ඒ උපාසකගේ නිවසට වැඩම කළා. පනවන ලද ආසනයේ වැඩ සිටියා. උපාසකත් හැඳූ කඳුළින් ඇවිත් භාග්‍යවතුන් වහන්සේට වන්දනා කොට එකත්පස්ව වාඩි වුනා.

"ඇයි උපාසක... මහා ශෝකයකින් වාසය කරනවා වගේ... මොකක්ද වුනේ... තවම තමන්ගේ පියා නැති වූ වියෝදුක නැති කරගන්ට බැරිව නේද ඉන්නේ?"

"එහෙමයි ස්වාමීනී"

"උපාසක, වියෝදුක හැදුන විට බලවත් ශෝකයක් හටගන්නවා. ඉස්සර කාලේ හිටිය නුවණැත්තෝ පණ්ඩිතයන්ගේ වචන ඇසූ ගමන් තමන්ගේ පියා නැතිවීමෙන් හටගත් ශෝකදුක වහා නැති කරගත්තා."

"අනේ ස්වාමීනී, ඒ නුවණැත්තන් ශෝක දුක නැතිකරගත්තේ කොහොමද කියා මට වදාරණ සේක්වා!" කියා ඒ උපාසක භාග්‍යවතුන් වහන්සේගෙන් ඉල්ලා සිටියා. භාග්‍යවතුන් වහන්සේ මේ අතීත කතාව ගෙනහැර දක්වා වදාළා.

"උපාසක, ගොඩාක් ඉස්සර කාලෙක බරණැස්පුරේ බ්‍රහ්මදත්ත නමින් රජ්ජුරුකෙනෙක් රාජ්‍ය විචාරමින් සිටියා. ඔය කාලේ මහාබෝධිසත්වයෝ බරණැස

සාමාන්‍ය ගොවිපවුලක උපන්නා. ගෙදර උදවිය මේ පුත්කුමාරයාට 'සුජාත' යන නම තැබුවා. මේ සුජාත තරුණ කාලේ සුජාතගේ පියාගේ පියා, ඒ කියන්නේ සීයා මැරුනා. එතකොට සුජාතගේ පියාටත් ශෝක දුක උසුලාගන්ට බැරි වුනා. ඔහු තම පියා ආදාහනය කළ තැනට ගොහින් පියාගේ ඇටකැබලි ගෙදර ගෙනාවා. තමන්ගේ ගෙවත්තේ තැනක තැන්පත් කොට මැටියෙන් කුඩා සොහොන් ස්මාරකයක් හැදුවා. හදලා එතැනට ගිය ගිය වේලාවට එතැනට මල් පූජා කරමින් ඒ වටා හඬ හඬා යමින් වැලපෙනවා. මේ නිසා ඔහුට හරි කෑමක් නෑ. බීමක් නෑ. නෑමක් නෑ. තමන්ගේ ගොවිතැන්බත් කටයුතු වෙළහෙළඳාම් කිරීමක් නෑ. ඒ මත්තේ ම හැපීගෙන ඉන්නවා.

එතකොට සුජාත මෙහෙම කල්පනා කළා. 'අනේ මයේ තාත්තා සීයා නැති වූ දා පටන් වියෝදුකින් පීඩිතව, ශෝකදුක දුරුකරගන්ට බැරිව දුකසේ වාසය කරනවා. මං හැර තාත්තාව මෙයින් මුදවා ගන්ට වෙන කෙනෙක් ඇත්තෙත් නෑ. මං මොකාක් හරි උපායකින් තාත්තාව මේ ශෝක දුකින් නිදහස් කරවාගෙන නිශ්ශෝකී කෙනෙක් කර ගන්නවා.'

දවසක් සුජාතට ආරංචි වුනා ගමින් පිට ගොණෙක් මැරිලා ඉන්නවා ය කියලා. එතකොට සුජාත ඒ ගොනා ළඟට තණකොළත් වතුරත් අරගෙන ගියා. ගිහින් ඒ මැරුණු ගොනාගේ කට ළඟට කරගෙන මෙහෙම කියන්ට පටන් ගත්තා.

"ඒකනේ කියන්නේ... කෝ ඔයා හරි ගොනෙක් නොවැ... කෝ... ඉතින් කට අරින්ට. කෝ ආ... කියන්ට...

මේ තණකොළ ටික විතරක් කන්ට එහෙනං... කෝ... අනේ... ඇයි අප්පා මෙහෙම ඔයා මුරණ්ඩු. මට දැන් කෙවිට ගන්ට වෙයි ඕං... අනේ ගොනෝ... මං දෙන එක තණකොළ කටක් කාපං."

එතකොට සුජාතගේ මේ විකාර වැඩේ බලන්ට ගම්මු රැස් වුනා. මිනිස්සු පුදුමෙනුත් පුදුම වුනා. ඇස් ලොකු කරගෙන හිස අත් ගසා ගත්තා. 'අයියෝ... කොයි තරම් යසට හිටිය කොලුවෙක් ද මේ... ඇයි ළමයෝ... උඹට පිස්සු ද... කියාපං... උඹට මේ මක් වුනා ද? උඹ මද්දහනේ කොහේවත් ගොහිං තනිකං දෝසෙකට අහුවුනාවත් ද... අනේ පුතේ... මේ ගොනා මැරිලා. මැරිලා...!! මේකාට ආයේ පණ ගන්ට බැ. උඹ කොහොමෙයි මැරිලා පලච්ච ගොනෙකුට තණ කවා නැගිට්ටවන්නේ!"

නමුත් සුජාත ඒ කා එක්කවත් කතා කරන්නේ නෑ. අර මැරුණ ගොනාට ම තණකොළ කවන්ටයි පැන් පොවන්ටයි එක පොරේ. එතකොට මිනිහෙක් සිය පියාගේ සොහොන ළඟ හඬ හඬා ඉන්න සුජාතගේ පියා ළඟට දිව්වා.

"ආං... අරහේ වෙන විපැත්තියක්. ඔහේ ඔය සොහොන ළඟට වෙලා හඬ හඬා හිටිං... ආං ඔහේගේ කොලුවා පිස්සු වැටිලා... ආං අර ගම එපිටහ මැරිලා පලච්ච නාකි ගොනෙකුගේ මළකඳක් හුරතල් කොරනවා. ඒ මළ කුණට තණකොළ කවන්ටයි පැන් පොවන්ටයි එකම ජරමරේ!"

එතකොට සුජාතගේ පියාට නිකාම්ම හැඬිල්ල නැවතුනා. මැරුණු පියා ගැන හිතේ තිබුණු ශෝකයට වෙච්චි දෙයක් නැති වුනා. "හැ... හත්දෙයියනේ... මයෙ

කොල්ලාට ඒ මොකදෑ වුනේ" කියාගෙන බලවත් පුත්‍ර ශෝකයෙන් යුතුව, ගැහෙන හදින් යුතුව එතැනට දිව්වා. එතකොටත් සුජාත මැරුණු ගවයාට තණකොළ කවන්ට ඔට්ටු වෙනවා.

"අනේ මයෙ දරුවෝ සුජාත... උඹ හොඳට දැනඋගත් පණ්ඩිතයෙක් නේද. ඇයි දෙයියනේ... උඹට මේ මොකද උනේ. ඇයි මේ මැරිලා පලච්ච නාකි ගොනෙකුට තණකොළ කවන්ටයි පැන් පොවන්ටයි දඟලන්නේ?" කියා මේ ගාථාවන් පැවසුවා.

(1). ඇයි ද පුතේ මේ මහා කලබලයෙන්
අලුතින් තණකොළ කපාගෙන ඇවිත්
මැරිලා වැටුනු නාකි ගොනෙකුට -
කාපං කාපං කියා
මහ හඬින් විලාප තියමින් -
මේ තණකොළ කවන්ට යන්නේ

(2)

මොනවා දුන්නත් කන්නට බොන්නට දැන් ඉතින්
මැරුණු ගොනෙක් නෑ කවදාවත් නැගිටින්නේ
නුඹ මේ විලාප තියමින් මේකට කවන්ට යන එක
වැඩකට නැති මහා හිස් දෙයක් පුතේ

පියාගේ මේ බස් ඇසූ සුජාත තරුණයා මේ ගාථාවන්ගෙන් පිළිතුරු දුන්නා.

(3)

අප්පච්චී මේ මොනාද කියන්නේ -
මේ ගොනා දිහා හොඳට බලන්ට
කලින් වගේ මේකාගේ හිසත් තියෙනවා -

වලිගය හා පා සතරත් තියෙනවා
අපූරුවට කන් දෙකත් තියෙන්නේ -
එනිසා මේ ගොනා නැවත නැගිටින්ට ම ඕනෑ

(4)

අපේ මැරුණු සීයාගේ හිසත් නෑ පෙනෙන්නේ
- අත් පා ඇඟ නොමැත පෙනෙන්නේ
මැටියෙන් කළ සොහොන ළඟට වී
- ඔයා වැලපෙන එක
මේ මං කරන දෙයට වඩා මෝඩ වැඩක් නේ

එතකොට ඒ නුවණැති පියාට වහාම සිහිය උපන්නා. "අනේ මගේ පුත්‍රයා මට සිහි උපදවන්ටයි මේ උපාය කරලා තියෙන්නේ. මයෙ දරුවා මහා නුවණැතියෙක්. මෙලොව පරලොව දෙකේ ම යහපත ගැන දන්නවා" කියා සිතා "පුත්‍රය... සුජාත පණ්ඩිත... ඔයා පෙන්නා දීපු ක්‍රමයෙන් මට වැටහුනා මේ සියලුම දේවල් අස්ථිර බව. මං පුතේ ආයෙත් නං ශෝක කරන්නේ නෑ. සිය පියාගේ ශෝකය දුරු කරන පුත්‍රයෙක් විසින් කළ යුත්තේ ඔයා කළා වගේ උපායෙන් තමා" කියා තම පුත්‍රයාට ප්‍රශංසා කරමින් මේ ගාථාවන් පැවසුවා.

(5)

ගිතෙල් දමා ඇවිළී ගිය ගින්නක් වාගේ
- දැවී තිබුනි සෝකෙන් සිත මාගේ
වතුර දමා නිවා දැමූ ලෙස ඒ ගින්න
- මගේ සියලු දුක් පීඩා සිසිල් වී ගියා

(6)

මේ සිතේ ඇනී රිදුම් දිදී තිබුනු ශෝක හුල
- ඔයා සිතෙන් උදුරා දැම්මා

පියාගෙ මරණයෙන් දුකින් වෙලී සිටිය විට
- මගේ ඒ ශෝකය දුරු කර දැම්මා

(7)

නිදහස් වී ගියා මසිත තිබුනු ශෝක හුලින්
- දැන් ශෝකය නැතිව සිටිමි මං
කැළඹීමක් නැති සිතිනුයි මං දැන් ඉන්නේ
- පුතේ ඔබේ වදන් ඇසීමෙන්
මං දැන් ශෝක නොකරමි
- ඒ ගැන සිතා නොහඬමී

(8)

නුවණැත්තෝ අනුකම්පාවෙන් කළයුත්තේ
- ඔන්න ඔය විදියට සෙත සැලසීමයි
සොවින් පෙළුණු පියාව සුවපත් කර දෙන්ට
- සුජාත පුතු කරපු විදිහටයි

ඔය ආකාරයට එදා සුජාතගේ උපාය නිසා පියා සිහිනුවණ උපදවා ගෙන සුවපත් වුනා. මෙසේ වදාළ භාග්‍යවතුන් වහන්සේ ඒ උපාසකට චතුරාර්ය සත්‍ය ධර්මය වදාළා. ඒ ධර්ම දේශනාව අවසානයේ පියාගේ මරණයෙන් ශෝක වෙවී සිටි උපාසක ඒ සෝදුක් නිවා ගනිමින් සෝවාන් ඵලයට පත් වුනා.

මහණෙනි, එදා සුජාත වෙලා සිටියේ මම ය කියා භාග්‍යවතුන් වහන්සේ මේ ජාතකය නිමවා වදාළා.

03. ධෝනසාඛ ජාතකය

විහිද ගිය අතුපතර ඇති නුගරුකට කළ මිනිස් බිලි පූජාව ගැන කතාව

පින්වතුනේ, පින්වත් දරුවනේ,

මේ සසරේ ගමන් කරන සත්වයන්ට අසත්පුරුෂයින්ගේ ප්‍රහාරයන්ගෙන් බේරී යා ගන්ට නම් කිසිම ක්‍රමයක් නෑ. මේ ලෝකයේ යමෙකුට භයක්, තැතිගැනීමක්, දුකක් පීඩාවක් ඇතිවෙනවා නම් ඒ හැමදේම වෙන්නේ අසත්පුරුෂයාගෙන් ම යි. මේ එබඳු කතාවක්.

ඒ දිනවල අපගේ භාග්‍යවතුන් වහන්සේ වැඩ වාසය කොට වදාළේ භග්ග නමැති ජනපදයේ සුංසුමාරගිරි නගරය ආසන්නයේ වූ භේසකලා වනයේ. උදේනි රජ්ජුරුවන්ට බෝධිරාජ කුමාර නමින් පුත්‍රයෙක් සිටියා. ඒ දවස්වල ඒ බෝධිරාජ කුමාරයා වාසය කළේ සුංසුමාරගිරි නගරයේ. ඔය බෝධිරාජ කුමාරයා තමන්ගේ වාසය පිණිස මාළිගාවක් හදාගැනීමට අතිශයින්ම දක්ෂ වූ නිර්මාණ ශිල්පියෙකුව සොයා ගත්තා. ඔහු ලවා තනිකර ලීයෙන් 'කෝකනද' නමින් අත්‍යාලංකාර විස්මිත ප්‍රාසාදයක් කෙරෙව්වා. එතරම් චිත්තාකර්ශණීය ගොඩනැගිල්ලක් දඹදිව කිසිම රජෙකුට තිබුනේ නෑ.

මේ අතිදක්ෂ වඩු ශිල්පියා ලවා තවත් රජකෙනෙක් මෙවැනි තවත් මාළිගාවක් හදාවී කියලා බෝධිරාජ කුමාරයාට බලවත් ඊර්ෂ්‍යාවක් හටගත්තා. ආයෙ කාටවත් මොහු ලවා කිසිම නිර්මාණයක් කරවගන්ට බැරි වෙන විදිහට බෝධිරාජ කුමාරයා ඒ අතිදක්ෂ වඩුශිල්පියාගේ දෑස් අන්ධ කෙරෙව්වා. වඩු ශිල්පියාගේ ඇස් උපුටා දැමූ කතාව භික්ෂූන් වහන්සේලාටත් දැනගන්ට ලැබුනා.

දම්සභා මණ්ඩපයේ රැස්වූ භික්ෂූන් වහන්සේලා මේ සංවේගදායක සිද්ධිය ගැන කතා කරමින් සිටියා. "බලන්ට ඇවැත්නි, මේ බෝධිරාජ කුමාරයා මොනතරම් දක්ෂ ශිල්පියෙකුගේ ද ඇස් උපුටා දැම්මේ. අහෝ... මොහු මොනතරම් භයානක, නපුරු, කෲර, සාහසිකයෙක් ද! තමන් උදෙසා මෙවැනි විශිෂ්ට සේවාවක් කළ අවංක ශිල්පියෙකුට මෙවැනි ඉරණමක් ලබා දෙන්ට තරම් මොහු බිහිසුණු පුද්ගලයෙක් නොවැ."

ඒ අවස්ථාවේදී අපගේ භාග්‍යවතුන් වහන්සේ එතැනට වැඩම කොට වදාළා. භික්ෂූන් වහන්සේලා තමන් කතා කරමින් සිටි කරුණ භාග්‍යවතුන් වහන්සේට සැළකළා. භාග්‍යවතුන් වහන්සේ මෙසේ වදාළා.

"මහණෙනි, ඔය පුද්ගලයා බිහිසුණු පරුෂ සාහසිකයෙක්ව ඉන්නේ මේ ආත්මේ විතරක් නොවේ. දැන් ඔය මේ ආත්මේ එක්කෙනාගෙයි ඇස් උපුටා දැම්මේ. මීට කලින් ආත්මෙක රජවරු දහසකගේ ඇසුත් උපුටා දමා, ඔවුන් මරා, ඔවුන්ගේ මස්වලින් මහා බිලි පූජාවක් කරපු කෙනෙක්" කියා මේ අතීත කතාව ගෙනහැර දක්වා වදාළා.

"මහණෙනි, ගොඩාක් ඉස්සර කාලෙක බරණැස් පුරේ බ්‍රහ්මදත්ත නමින් රජ්ජුරුකෙනෙක් රාජ්‍ය විචාරමින් සිටියා. ඔය කාලේ මහාබෝධිසත්වයෝ තක්සිලාවේ දිසාපාමොක් ආචාර්යව වාසය කළේ. ඒ දිසාපාමොක් ආචාර්යයන් ළඟින් ශිල්ප හදාරන්ට මුළු දඹදිවින් ම රාජකුමාරවරුත් බ්‍රාහ්මණ කුමාරවරුත් එනවා. බරණැස් රජ්ජුරුවන්ගේ පුත්‍රයා වන බ්‍රහ්මදත්ත කුමාරයාත් තක්සිලාවට ඇවිත් දිසාපාමොක් ආචාර්යපාදයන් යටතේ ශිල්ප ශාස්ත්‍ර ඉගෙන ගත්තා.

ඔය බ්‍රහ්මදත්ත කුමාරයා ප්‍රකෘතියෙන් ම දරුණුයි. සැඩපරුෂයි. බිහිසුණු ගතිවලින් යුක්තයි. මේ කුමාරයාගේ චරිත ලක්ෂණවලින්, ශාරීරික ලකුණුවලින් මොහු මහා දරුණු පුද්ගලයෙක් වෙන්ට ඉඩ තියෙන බව දිසාපාමොක් ආචාර්යයෝ දැනගත්තා. දැනගෙන කුමාරයා ශිල්ප අවසන් වී පිටත්වන දා මෙහෙම කිව්වා.

"දරුව... රාජකුමාරය... මං තොප ගැන විමසා බැලුවා. තොප බොහෝම දරුණු ගති ඇති, භයානක ගති ඇති, දැඩි හිතක් ඇති, ඕනෑම භයානක දෙයකට නැඹුරු විය හැකි කෙනෙක්. දරුව... භයානක පුද්ගලයෙකුට ලැබෙන යස ඉසුරු සම්පත් වැඩිකල් තියෙන්නේ නෑ. මුහුද මැද්දේ නැව බිඳුනා වගේ වෙනවා. මහා සමුද්‍රයට වැටුණු කෙනෙක් වගේ වෙනවා. මං ඔය පුත්‍රයාට මේ වේලාසනින් ම කියන්නේ එය වළක්වා ගන්ටයි. ඒ නිසා කොයියම්ම අවස්ථාවකවත් දරුණු වෙන්ට එපා" කියා අවවාද කරමින් මේ ගාථාවන් පැවසුවා.

(1)

අපි කාටවත් ම බඹදත් කුමරුනී -
හැමදාකම කිසි කරදරයකුත් නැතිව
කැම් බීම් හොඳට ඇතිව -
සැපසේ ඉන්ට ලැබෙන්නෑ
නැති වුන දා තමන්ගෙ යස ඉසුරු -
සිහි විකල්ව මුලා වෙන්ටෙපා
එහෙම වුනොත් මුහුද මැද්දෙ නැව බිඳුනා වගේ -
බලවත් දුකකට පත් වේවී

(2)

යම් යම් දේ කරයි ද මිනිසා -
තමා හට ම එහි විපාක දකින්ට ලැබේවී
යහපත කළ කෙනා යහපත ම දකීවි -
පව් කරගත් කෙනාට තම පව ම පෙනේවී
කුඹුර වපුරගත්තේ යම් බීජ වලින් නම් -
අස්වැන්නට තමා වැපිරූ දෙය ම ලැබේවී

මේ විදිහට බෝධිසත්වයෝ බ්‍රහ්මදත්ත කුමාරයාට අනාගතයේ තමන් අතින් සිදු විය හැකි අකුසල්වලින් බේරීමට උපකාර වන අවවාද පැවසුවා. කුමාරයා දිසාපාමොක් ආචාර්යපාදයන්ට වන්දනා කොට බරණැස බලා පිටත්ව ගියා. බරණැසදී පිය රජ්ජුරුවන් ඉදිරියේ ශිල්ප දක්වා යුවරාජ පදවිය ලබාගෙන වාසය කරද්දී පියරජතුමා අභාවයට පත්වුනා. බ්‍රහ්මදත්ත කුමාරයා බරණැසයේ රජු බවට පත් වුනා. මේ බරණැස් රජ්ජුරුවන්ට 'පිංගිය' නමින් පුරෝහිත බ්‍රාහ්මණයෙක් සේවයට ආවා. මොහුත් දැඩි ආත්මාර්ථකාමී අතිශයින් ම දුෂ්ට, කෲර පුද්ගලයෙක්. දෙන්නාට දෙන්නා හොඳින් ගැලපී ගියා.

මේ පුරෝහිතයා අධික යස ලෝභයෙන් යුක්තව මෙහෙම සිතන්ට පටන් ගත්තා.

'දැන් මං මේ බරණැස් රාජ්‍යයේ පුරෝහිත බ්‍රාහ්මණයා විතරයි. මං වගේම මේ දඹදිව තව රජවරුන්ටත් පුරෝහිත බ්‍රාහ්මණවරු ඉන්නවා නොවැ. නමුත් මේ රජ්ජුරුවෝ ලවා මුළු දඹදිව ම අල්ලාගෙන තනි රාජ්‍යයක් පිහිටුවා ගත්තොත් මෙයා විතරයි තනි රජා බවට පත්වෙන්නේ. එතකොට හහ්... හා... මං විතරයි ඒ විශාල රාජ්‍යයේ තනි පුරෝහිතයා. එතකොට මගේ අනුශාසනාවට අනුව නොවැ සෑම දෙයක් ම කෙරෙන්නේ' කියා සිතා මුළු දඹදිව ම තනි රජෙකුගේ අණසක යටතට ගැනීම උදෙසා බරණැස් රජ්ජුරුවන්ව පෙළඹෙව්වා.

බරණැස් රජ්ජුරුවෝ මහත් වූ සිව්රඟ සේනාව සන්නද්ධ කරගෙන ගිහින් ළඟ ම ඇති රාජ්‍යය ආක්‍රමණය කළා. එහි රජාව ජීවග්‍රාහයෙන් අල්ලා ගත්තා. ඔය ක්‍රමයෙන් මුළු දඹදිව තිබූ දහසක් වූ ප්‍රදේශීය රාජ්‍යයන් ආක්‍රමණය කොට රජවරු දහසක් ම තමන්ගේ ග්‍රහණයට ගත්තා. ඉතිරි වෙලා තිබුනේ තක්ෂිලා රාජ්‍යය විතරයි. තක්ෂිලා රාජ්‍යය අල්ලාගන්ටත් සේනා සහිතව පිටත් වෙලා ආවා. නමුත් තක්ෂිලාවේ රජ්ජුරුවන්ට බෝධිසත්වයන්ගේ උපදෙස් ලැබුනා. කිසිවෙකුට ආක්‍රමණය කරන්ට බැරි විදිහට ප්‍රාකාර පවුරු පදනම්වලින් යුක්තව රාජ්‍ය සුරක්ෂිතව තිබුනු නිසා ඒ ආක්‍රමණික බරණැස් රජුව පලවා හරින්ට පුළුවන් වුනා.

ආපසු හැරී ගිය බරණැස් රජ්ජුරුවෝ ගංගා නදී තීරයේ සුවිසල් ලෙස අතුපතර විහිදී, ගස පුරාම

නුගමුල් බැස ඇති මහා නුගරුක් සෙවනක තිර රෙදි වලින් වටකොට වියන් බැඳ තිබූ තැනක පනවා ගත් සිරි යහනේ නවාතැන් ගත්තා. පිංගිය පුරෝහිත බ්‍රාහ්මණයා අමතා මෙය පැවසුවා.

"පිංගිය ආචාර්යපාදයෙනි... තොපගේ උපදෙස් මත දඹදිව දහසක් රාජ්‍යයන් අල්ලාගෙන දහසක් රජුන්වත් අපගේ යටතට ගන්ට අපට ඇහැක් වුනා. නමුත් බලන්ට ආචාර්යපාදයෙනි, අපි යුද්ධ කරලාත් තක්සිලාව අල්ලා ගන්ට බැරි වුනා නොවැ. දැන් බලන්ට මේ යටත් රජුන් දහසකුත් පිරිවරාගෙන නොවැ අපි ගියේ. හැබැට ම ආචාර්යපාදයෙනි... අපට තක්ෂිලාව විතරක් අපේ යටතට ගන්ට බැරි වුනේ මොකෝ... අපට මේක මහා වස ලැජ්ජාව! මොකදෑ අපි දැන් මේකට කොරන්නේ?"

"මහාරාජයෙනි... හහ්... හා... රාජාධිරාජයෙක් වෙන්ට ඔබතුමාට ඔය තක්ෂිලාව විතරයි අල්ලාගන්ට තියෙන්නේ. ඕකට අපි මේ නුග වෘක්ෂයේ වැඩ ඉන්න දේවතාවුන්නාන්සේට මහා බිලිපූජාවක් කොම්මු. දැන් අපි යටතේ රජවරු දහසක් ඉන්නවා නේ. පූජාවට ගානත් හරි. ඉතින් අපි ඒ දහසක් රජුන්ගේ ඇස් උපුටා, ඔවුන් මරවා, ඔවුන්ගේ කුස පලා බඩවැල්, හදවත, අක්මා කැවුතු බොකුවලින් මේ මහා නුග වෘක්ෂය වෙලා ඔවුන්ගේ රුධිරයෙන් නහවා, ඔවුන්ගේ ඇඟිලිවලින් සරසා මහා රාජකීය මිනිස් බිලි යාගයක් කොරමු. ආයෙ දෙකක් නෑ. එතකොට අපට ඔය තක්ෂිලාව සුටුස් ගාලා අල්ලා ගන්ට ඇහැකි. එතකොට ජය තොපට යි."

අධික රාජ්‍ය ලෝභයෙන් මත්ව සිහිවිකල්ව ගිය බරණැස් රජු මේ කෲර පුරෝහිතයාගේ යෝජනාව හිස්

මුදුනින් පිළිගත්තා. රජා ඉන්න වටතිරය වටේට මහා බලඇණියක් යොදවා රැකවල් තර කළා. එක එක රජාව ඇතුළට කැඳවා ගත්තා. සිහි නැති කෙරෙව්වා. ඊට පස්සේ ඔවුන්ගේ දෑස් ඉදිරෙව්වා. මැරෙව්වා. මස් විතරක් අරගෙන ඇටසැකිලි ගංගා නදියේ පා කොට යැව්වා. පිංගිය පුරෝහිතයා යෝජනා කළ ආකාරයෙන් ම මහා නුගරුක රුධිරයෙන් තෙමී ගියා. හදවත් බොකු බඩවැල් අක්මා ආදියෙන් වෙළී ගියා. දහසක් රජුන් බිලි දීමෙන් මහා බිලිපූජාවක් කොට තක්ෂිලාව ආක්‍රමණය කරන්ට සූදානම් වුනා. ධජ ඔසොවා යුධබෙර නාද කරන්ට පටන්ගත්තා.

එතකොට 'අජ්ජිසකත' නමැති එක්තරා යක්ෂයෙක් ඇවිත් පැනපු ගමන් බරණැස් රජ්ජුරුවන්ගේ දකුණු ඇස ගලවාගෙන යන්ට ගියා. බලවත් වේදනාවෙන් පෙළුණු රජ්ජුරුවෝ ගමන නවත්වා අමාරුවෙන් ඇවිත් නුගරුක සෙවනේ පනවා තිබූ සිරි යහනේ උඩුබැලියෙන් සැතපී 'මේ මොකක්ද වුනේ' කියා කල්පනාවට වැටී සිටියා.

එතකොට ම එක්තරා ගිජු ලිහිණියෙක් තියුණු උලක් සහිත මස් කටුවක් අරගෙන ඒ නුග ගසේ අත්තක වසා ඒ මස් කටුව ඇතුළේ තිබුනු මස් තුඩින් අදින්ට පටන් ගත්තා. මස් කටුව ලිස්සා වැටුනා. කෙලින්ම වැටුනේ බරණැස් රජ්ජුරුවන්ගේ වම් ඇස මැදටයි. යකඩ හුලකින් ඇන්නා වගේ ඇස බිඳී ගියා. "අයියෝ..." කියාගෙන රජ්ජුරුවෝ ඇඳේ වාඩිවූ ගමන් එදා දිසාපාමොක් ආචාර්යපාදයෝ තමන්ට කළ අවවාදය මතක් වුනා. "අයියෝ... එදා මගේ ගුරුදේවයෝ... මට මේවා කිව්වා... කිව්වා... අයියෝ... මට කිව්වා මේ ලෝකේ ඉන්න හැම දෙනෙක් ම තමන් වපුරාගත් බීජවලට අස්වනු ලබාගන්නැහේ තමන්ගේ

ම කර්මයන්ට අනුරූප වූ විපාක ලබාගන්නවා කියා... අයියෝ... ඒක සත්තක්මයි සත්තක්මයි" කිය කියා හඬා වැලපෙමින් මේ ගාථාවන් පැවසුවා.

(3)

අනේ මට එදා පාරාසරිය ගුරුතුමා
- කිව්වා නේ, වේලපහින් කිව්වා නේ
තෝ පව් කරන්ට එපා දරුවො
- හැබැයි තෝ යම්කිසි පවක් කළොත්
ඒ පව ම යි තොපව දවන්නේ
- කියලා කිව්වා නේ

(4)

පිංගිය පුරෝහිතය දැන් -
චන්දන කල්ක ඇගේ තබා උන්
දහසක් රජවරු මරවා -
බිලි පූජා කළා නේද අපි මේ රුකට
අන්තිමේදි මේ රුක ම යි ඒ දුක මට -
ආපසු දුන්නේ

අයියෝ... එදා තක්ෂිලාවේ මගේ පාරාසරිය ආචාර්යපාදයෝ කියපු ටික ම යි ඇත්ත වුනේ කියා හඬා වැලපෙද්දී බරණැස් මාළිගයේ සිටිනා තමන්ගේ බිසෝවරුන්ව මතක් වෙන්ට පටන් ගත්තා. එතකොට දුක තවත් වැඩි වුනා. හඬ හඬා මේ ගාථාව පැවසුවා.

(5)

සඳුන් කල්ක ඇඟ තවරා -
සුවඳ දිදී ඉන්නා මගෙ සාමා
උබ්බරී මගේ ලස්සනී -
මඳ සුළඟින් සෙලවෙන මුරුංගා ගස වගෙයි

අයියෝ මට මැරෙන්ට වෙන්නේ -
මගේ සොඳුරු බිසොවුන් දැක ගන්නට බැරිවයි
මැරෙනවාට වඩා දුකක් හිතේ තියෙන්නේ -
මට එයාල දැකගන්ට නැති නිසයි

මේ විදිහට හඬා වැලපි වැලපි සිටිද්දී ම බරණැස් රජ්ජුරුවෝ මැරිලා නිරයේ ඉපදුනා. අධික ඉසුරු ලෝභයෙන් මුසපත්ව හුන් පිංගිය පුරෝහිතයාටත් තමන්ගේ පුරෝහිතකමවත් රැකගෙන ඉන්ට බැරිව ගියා. රජ්ජුරුවෝ මැරුණු සැණින් බලසෙනඟ බිඳී පලා ගියා.

මහණෙනි, එදා බරණැස් රජුවෙලා සිටියේ මෙදා බෝධිරාජ කුමාරයා. පිංගිය පුරෝහිතයා ව සිටියේ දේවදත්ත. දිසාපාමොක් ආචාර්යව සිටියේ මම" යි කියා භාග්‍යවතුන් වහන්සේ මේ ජාතකය නිමවා වදාළා.

04. උරග ජාතකය

උරගයා හැව හැර යන සෙයින් සත්වයා
මිය යාම ගැන කතාව

පින්වතුනේ, පින්වත් දරුවනේ,

මේ කතාවත් ප්‍රිය විප්‍රයෝග දුක ගැනයි. ප්‍රියයන්ගෙන් වෙන්වීම ලෝකයේ බොහෝ දෙනෙකුට දරාගන්ට බැරි දුකක්. තමන් බොහෝ සෙයින් ආදරය කරන අය මිය ගිය විට ඒ ගැන ම සිතමින් හැඬූ කඳුළින් ඉන්නා අය මොනතරම් ඉන්නවා ද. ඒ අයට ශෝක දුක දුරුකරවන ශ්‍රේෂ්ඨ ධර්මයක් අසන්ට නොලැබුනොත් කවදා නම් ඒ දුක දුරුවේවි ද! ධර්මය අසන්ට ලැබුනොත් මොනතරම් සැපතක් ද!

ඒ දිනවල අපගේ භාග්‍යවතුන් වහන්සේ වැඩ වාසය කොට වදාළේ සැවැත්නුවර ජේතවනයේ. ඔය කාලේ සැවැත්නුවර එක්තරා නිවසක අම්මෙකුයි තාත්තෙකුයි පුතෙකුයි වාසය කළා. දෙමාපියන් තමන්ගේ පුතාට තම දෑසටත් වඩා වැඩියෙන් ආදරය දැක්වුවා. තම පුතාට ඉගැන්වීම, ලොකුමහත් කරගැනීම තමයි ඔවුන්ගේ එකම සිහිනය වුනේ. දවසක් හදිසියේ ම දරුවා අසනීප වුනා. වෙදහෙදකම් කළ නමුත් තම පුතාව බේරාගන්ට ඔවුන්ට බැරුව ගියා. පුතා මිය ගියා. මෙයින් ගොඩාක්

ම කම්පාවට පත් වුණේ පුතුගේ තාත්තා. ඔහු නොකා නොබී තමන්ගේ මිය ගිය දරුවා ගැන කිය කියා හඬ හඬා ඉන්නවා මිසක් වෙන කිසිවැඩක් නෑ. ඔහුගේ යහළුමිත්‍රයන් නොයෙක් කරුණු කියා ඔහු සනසන්ට මහන්සි ගත්තා. වැඩක් වුනේ නෑ.

එදා හිමිදිරි පාන්දර අපගේ භාග්‍යවතුන් වහන්සේ මහාකරුණා සමාපත්තියට සමවැදී ධර්මාවබෝධය පිණිස සසරේ රැස් කළ පින් ඇතුව ඉපිද සිටින්නේ කවුදැයි සොයා බුදු ඇසින් බලද්දී මේ දරු ශෝකෙන් ආතුරව සිටින පියාව දැකගන්ට ලැබුනා. එදා භාග්‍යවතුන් වහන්සේ සැවැත්නුවර පිඬු සිඟා වැඩම කොට දන් වළඳා තවත් භික්ෂුවක් සමඟ අර උපාසකගේ නිවසට වැඩම කළා. පනවන ලද අසුනේ වැඩ සිටියා. එතකොට උපාසක හඬ හඬා ඇවිදින් භාග්‍යවතුන් වහන්සේට වන්දනා කොට එකත්පස්ව හිඳගත්තා.

"උපාසක... දරුවා නැතිව ගිය ශෝකය තවමත් උසුළාගන්ට බැරිව නේද ඉන්නේ?"

"එහෙමයි ස්වාමීනී, මං තවමත් මහා වේදනාවකින් ඉන්නේ. ඇයි මෙහෙම දෙයක් මයෙ පුතාට වුනේ කියන එක හිතාගන්ට බෑ."

"උපාසක... බිඳෙන සුළු හැම දෙයක් ම බිඳී යාම, නැසෙන සුළු හැම දෙයක් ම නැසී යාම තනි කෙනෙකුට පමණක් අදාළ දෙයක් නොවේ. එක ගෙදරකට, එක ගමකට, එක පළාතකට, එක නගරයකට, එක රටකට විතරක් අදාළ දෙයක් නොවේ. මේ අනන්ත අප්‍රමාණ සක්වල, මේ තුන් භවයේ ම නොමැරී සිටින කවුරුවත් ම නෑ. එහෙම නොමැරී සිටින ස්වභාවයෙන් රැඳී සිටින්ට

සමත් සදාකාලිකව එකම විදිහට තියෙන කිසිම දෙයක් නෑ. සෑම සත්වයෙක් ම මැරී යන සුළු යි. සෑම දෙයක් ම බිඳී යන සුළු යි. ඉස්සර කාලයේ සිටිය නුවණැත්තෝ තමන්ගේ පුතා මිය ගිය අවස්ථාවේ නැසී යන දේ නැසෙනවා නොවැ කියා නිශ්ශෝකීව සිටියා.

එතකොට ඒ උපාසක "අනේ ස්වාමීනී, තමුන්නේ දරුවා මිය ගිය වේලේ දුක් නොවී සිටිය ඒ නැණවතුන්ගේ කතාව කියා දෙන්ට" කියා භාග්‍යවතුන් වහන්සේගෙන් ඉල්ලා සිටියා. භාග්‍යවතුන් වහන්සේ මේ අතීත කතාව ගෙනහැර දක්වා සිටියා.

"උපාසක, ගොඩාක් ඉස්සර කාලෙක බරණැස්පුරේ බ්‍රහ්මදත්ත නමින් රජ්ජුරු කෙනෙක් රාජ්‍ය විචාරමින් සිටියා. ඔය කාලේ මහාබෝධිසත්වයෝ බරණැස ද්වාරගමේ එක්තරා බ්‍රාහ්මණ පවුලක උපන්නා. නිසි කලවයසේදී පවුල් වෙලා ගොවිතැන් කටයුතු කරමින් ජීවත් වුනා. ඔහුට පුතෙකුයි දුවෙකුයි කියන දරු දෙන්නෙකුත් සිටියා. පුතාට නිසි කල වයසේදී බ්‍රාහ්මණ පවුලකින් ම කසාදයක් කරවා දුන්නා.

එතකොට ඒ බමුණු ගෙදර බ්‍රාහ්මණයයි, බ්‍රාහ්මණ බිරිඳයි, පුතයි, දුවයි, ලේලියයි, දාසියයි වශයෙන් සය දෙනෙක් වාසය කළා. ප්‍රධාන බ්‍රාහ්මණයා වූ බෝධිසත්වයෝ තම නිවැසියන්ට නිතර අවවාද කළා. "අපි කවුරුත් තියෙන හැටියට නිතර දන් දෙන්ට ඕනෑ. සිල් රකින්ට ඕනෑ. උපෝසථ සමාදන් වෙන්ට ඕනෑ. ඒ වගේම කවුරුත් මරණසතිය වඩන්ට ඕනෑ. තමන් මැරෙන බව සිහි නොකර ඉන්ට එපා. මේ ලෝකේ සත්වයන්ගේ මරණය නම් ස්ථිරව ම වෙනවා. ජීවිතය නම් අස්ථිරයි.

මේ තියෙන සෑම සියලු දෙයක් ම අස්ථිරයි. නැසී වැනසී යන ස්වභාවයට අයිතියි. ඒ නිසා ඔයාලා සෑමවිටම මරණසතිය අප්‍රමාදීව මෙනෙහි කරන්ට.”

එතකොට ඒ ගෙදර සිටි හැමෝම බෝසතුන්ගේ අවවාදයට අවනත වුනා. නිරන්තරයෙන් මරණය ගැන මෙනෙහි කරමින් ඕනෑම අවස්ථාවක මරණයට ඇති අවකාශ ගැන සිත සිතා ඔවුන්ගේ අනිත් ගෙදරදොරේ කටයුතු කළා.

දවසක් බෝධිසත්වයෝ සිය පුත්‍රයාත් සමඟ කුඹුරට ගියා. බෝධිසත්වයෝ කුඹුරේ ගොනුන් ලවා සී සාන අතරේ පුත්‍රයා එතැන තිබුන වියළි කැළිකසල එකතු කොට ගොඩක් ගසා ගිනි තිබ්බා. එයට නුදුරින් වූ එක් තුඹසක විෂඝෝර නාගයෙක් සිටියා. අර ගින්නෙන් නැගෙන දුම තුඹසේ සිටි නාගයාට තදින් වැදුනා. උගේ ඇස් දෙකින් තද දැවිල්ලක් හටගත්තා. එතකොට නයා කිපුනා. මේකා තමයි මට දුම් ගස්සා කරදර කරන්නේ කියලා තුඹසෙන් එළියට ඇවිත් විෂ දළින් පහර දී දෂ්ට කළා. පුත්‍රයා එතැන ම මැරී වැටුනා. පුත්‍රයා ඇදගෙන වැටෙනවා පිය බ්‍රාහ්මණයා දැක්කා. දැකලා ගොනුන් නවත්වා ඉක්මනින් එතැනට දුවගෙන ඇවිත් බැලුවා. එතකොටත් තම පුත්‍රයා මිය ගිහින්. බ්‍රාහ්මණයා තම පුත්‍රයාව එතැනින් ඔසොවාගෙන ගිහින් ගසක් මුල හාන්සි කොට තැන්පත් කළා. ළඟ තිබුන වස්ත්‍රයෙන් වසා දැම්මා. හැඬුවෙත් නෑ. වැලපුනෙත් නෑ. මේ සිරුරට අයත් සෑම දෙයක් ම බිඳී යනවා නොවැ. සියලු සංස්කාරයෝ අනිත්‍යයි. මරණයෙන් නිමා වෙනවා කියා අනිත්‍යභාවය ම මෙනෙහි කරමින් ආයෙමත් කුඹුරට බැහැලා සී සාන්ට පටන් ගත්තා.

ඔය අතරේ කුඹුර ළඟින් එක්තරා විශ්වාසවන්ත පුරුෂයෙක් යනවා දැක්කා. "පුත්‍රයා... මෙහෙ වරෙං... යනින් ගමන අපේ ගෙටත් ගොඩවෙලා පණිවිඩයක් කියන්ට ඇහැකි ද?"

"හරි මාමේ... මං කියන්නං."

"එහෙනම්... ගිහිං, අපේ හාමිනේ ගෙදර ඇති. එයැයිට කියාපන් අද වෙනදා වගේ දෙන්නෙකුට කෑම අරගෙන එන්ට එපාය, එක්කෙනෙකුට විතරක් අරගෙන එන්ට ය කියලා. කලින් ගෙදර වැඩ කරන කෙල්ල නොවැ බත් ගෙනාවේ. අද හැමෝට ම පිරිසිදු වස්ත්‍රත් ඇඳගෙන මලුත් කඩාගෙන එන්ට කියාපන්.

එතකොට ඒ මිනිසා බ්‍රාහ්මණයාගේ ගෙදර ගිහිං පණිවිඩය කිව්වා. "කවුද පුතේ, ඔය පණිවිඩේ මෙහෙට කියන්නෙයි කීවේ?" "ආර්යාවෙනි, බ්‍රාහ්මණයා යි කීවේ." බ්‍රාහ්මණ බිරිඳ කල්පනා කරන්ට පටන් ගත්තා. 'මේ පණිවිඩේ හැටියට නම්, එකත්එකට ම අපේ පුතා මැරිලා වගෙයි. නැත්නම් මෙහෙම කියන්නේ නෑ' කියා සිතුවා. නමුත් ඈ තුළ කම්පන මාත්‍රයක් හටගත්තේ නෑ.

තම සැමියාට බත් මුලකුත් ලේස්ති කරගෙන පිරිසිදු වස්ත්‍රත් හැඳගෙන, මලුත් කඩාගෙන සියලු දෙනාත් සමඟ කුඹුරට ගියා. හැමෝටම ගස මුල රෙද්දෙන් වසා තියෙන මළ සිරුර දකින්ට ලැබුනා. ඔවුන් රෙද්ද ඉවත්කොට මිනිය බලා ආයෙමත් රෙද්දෙන් වැසුවා. පිය බ්‍රාහ්මණයා පුතුගේ මිනිය තිබුන ගස් සෙවනේ ම වාඩි වී බත් මුල අනුභව කළා. ඊට පස්සේ හැමෝම එකතු වෙලා වියළි දරකොට එකතු කළා. චිතකයක් ලෙස දර ගොඩ ගැසුවා. ඒ මත මළ සිරුර ගෙනැවිත් තැබුවා. වටේට මල් තිබ්බා. ගිනි

ඇවිලුවා. කාගෙවත් ඇස්වලින් කඳුළු බින්දුවක් වැටුනේ නෑ. හැමෝම හොඳින් මරණසතිය දියුණු කොට සිටි එකේ අනුසස් ඒ මොහොතේ ම අත්වින්දා. ශෝක දුකින් මුළාවෙලා හඬා වැටෙන්නේ නැතිව මනා සිහිනුවණින් යුතුව එයට මුහුණ දුන්නා. අකම්පිතව ජීවිතයට මුහුණ දෙන ඔවුන්ගේ සීල තේජසින් ශක්‍ර භවන පවා රත් වී ගියා.

'මාව මේ සක් දෙව් පදවියෙන් චුත කරන්ට කාටවත් ඕනෑ වෙලාවත් ද' කියා සක්දෙවිඳු මනුලොව දෙස බලද්දී තමන්ගේ පඬුඇඹුල්අස්න රත් වී ගියේ ඔවුන්ගේ සිල්ගුණ තේජසට බව දැනගෙන මහත් සේ ප්‍රසන්න වුනා. එහෙනම් මාත් එතැනට යන්ට ඕනෑ. 'මේ උදවිය මරණසති භාවනාව උසස් අන්දමින් දියුණු කොට ඇති ආකාරය ගැන මොවුන් ලවා ම සිංහනාද කරවන්ට ඕනෑ. ඔවුන්ගේ නිවස සත් රුවනින් පුරවන්ට ඕනෑ' කියා සැණෙකින් ඒ පුත්‍රයාගේ දේහය ගිනිගන්නා තැන අසළ පෙනී සිට මෙසේ ඇසුවා.

"බ්‍රාහ්මණය, මොකක්ද ඔය කරන්නේ?"

"ස්වාමී... අපි මේ එක්තරා මනුෂ්‍යයෙකුව ආදාහනය කරනවා."

"නෑ... නෑ... වෙන්ට බෑ... ඔහේලා මනුෂ්‍යයෙකුව ආදාහනය කරනවා වෙන්ට බෑ. මට නම් සිතෙන්නේ මුවෙක් මරා පුළුස්සනවා වෙන්ට ඇත කියලයි."

"නෑ... ස්වාමී... මේ තිරිසන් සතෙක් නොවේ. අපි මේ ආදාහනය කරන්නේ මනුෂ්‍යයෙකුව යි."

"එහෙනම්... ඔහේලා ඔය ආදාහනය කරන්නේ තමුන්නේ වෛරක්කාරයෙක්ව වෙන්ට ඇති."

"අපෝ නෑ... මේ වෛරක්කාරයෙක් නොවේ ස්වාමී... මේ අපි හැදූ වැඩූ අපගේ පුත්‍රයා."

"හෝ... හෝ... එහෙනම් මේ පුත්‍රයාව ඔහේලාට එපා වෙලා ඇති."

"අනේ නෑ... ස්වාමී... මේ අපගේ අතිප්‍රිය පුත්‍රයා...!"

"ඕ... එහෙම අතිප්‍රිය දරුවෙක් ආදාහනය කරන මේ ශෝකාකුල අවස්ථාවේ යසයි ඔහේලා ඉන්නා හැටි. කඳුළු බිඳුවක් නෑ. කිසි ගාණක් නෑ. ඔය මොකෝ කිසි වගක් නැතිව නාඬා ඉන්නේ?"

එතකොට බෝධිසත්වයෝ තමන් හඬා නොවැටී සිටින කාරණය පහදා දෙමින් මේ පළමු ගාථාවන් පැවසුවා.

(1)

සර්පයන් දිරූ තමන්ගෙ හැවය හැරදමා
- ඒ දෙස යළි නොබලා ම යි යන්නේ
ඒ ලෙසින් ම මේ ලෝකේ අනිත් උදවියත්
- සිය සිරුරු හැර දමා කවදා නමුත් මැරෙන්නේ
මැරුණු විටදි හැමෝම සිය සිරුරු මෙහි දමා
- කම්පල අනුව හැදෙන ලොවකට යන්නේ

(2)

ගින්නෙ දැවෙන්නේ සිත නැති දරකඩක් බඳු
- කුණු වී යන සිරුරක් පමණයි
මෙය වටකොට නෑයෝ වැලපුනත් කොපමණ
- මළකඳ නෑ කිසිවක් දන්නේ
එනිසයි මං ශෝක නොකොට ඉන්නේ
- එයා ඊළඟ උපත වෙත ගියා

බෝධිසත්වයන්ගේ මේ වචන ඇසූ සක්දෙවිඳු බ්‍රාහ්මණ බිරිඳ දෙසට හැරුනා. "මෑණියෙනි... ඔයා මොකොද මේ කිසි කඳුළක් නොසලා ඉන්නේ. මේ දැවෙන කෙනා ඔයාගේ කවුරුවත් නොවෙයි ද?"

"අනේ ස්වාමී... මං දස මාසයක් කුසේ දරාගෙන ලේ කිරි කොට පොවා මොළකැටි අත්පා පරිස්සමෙන් පිරිමැද හැදූ වැඩූ මයෙ පුතා මේ දවන්නේ."

"මෑණියනි... පියා නම් පිරිමිකමට හඬන්නැතිව ඉන්ටත් ඇහැකි නොවැ. නමුත්... ඔයා... අම්මා කෙනෙක්. මව්ගේ හදවත දරුවන් ගැන ඉතා මෘදුයි. උණු වෙනවා. ඒත් ඔයාවත් නෑනේ හඬා වැටෙන්නේ."

එතකොට බ්‍රාහ්මණ බිරිඳ තමා නොහඬා සිටින කාරණාව මේ ගාථාවෙන් පැවසුවා.

(3)

වෙන ලොවක ඉඳන් මගේ කුසට මේ පුතු ආවේ
- මං හඳුනාගෙන එන්ට කීවෙ නෑ
වේලපහින් කිසිම දැනුම් දීමක් නොකොට
- ගියානෙ පුතු මෙලොවින් යන්ට
එයා මෙලොව ආවේ අපටත් නොකියා ම යි
- අත්හැර ගියෙත් මෙලොව ඒ අයුරින් ම යි
සංසාරේ ගමන තියෙන්නේ මෙලෙසින් නම්
- මේ ගැන මං ඇයි ද හඬන්නේ

(4)

ගින්නෙ දවන්නේ සිත නැති දරකඩක් බඳු
- කුණු වී යන සිරුරක් පමණයි
මෙය වටකොට නෑයෝ වැලපුනත් කොපමණ

- මළකඳ නෑ කිසිවක් දන්නේ
එනිසයි මං ශෝක නොකොට ඉන්නේ
- එයා ඊළඟ උපත වෙත ගියා

බ්‍රාහ්මණ බිරිඳගේ මේ කතාව ඇසූ සක්දෙවිඳු සහෝදරිය වෙත හැරුනා. "නැගණිය... මේ දැවෙන කෙනා ඔයාගේ කව්ද?" "අනේ ස්වාමී... මේ මගේ සහෝදරයා." "දියණියෙනි, සහෝදරියකට තමන්ගේ සහෝදරයන් ගැන බලවත් ආදරයක් තියෙනවා. කෝ... ඒත්... ඔබට කිසි වගක් නෑනේ... ඔබ මොකෝ නාඬා ඉන්නේ?"

එතකොට නැගණිය සිය මියගිය සොයුරා ගැන හඬා නොවැටෙන කරුණ පැහැදිලි කරමින් මේ ගාථාවන් කිව්වා.

(5)

මා කොතරම් හඬා වැලපුනත් -
එය අසන්ට අයියා මෙහි නැත්තේ
හඬමින් සිටියොත් මා හට මේකයි වෙන්නේ -
කෙට්ටු වෙලා දුර්වල වේවී
හැඬුවා කියා මා හට කිසි සෙතක් නොවන්නේ -
වෙහෙසක් විතරයි එහි ඇත්තේ
යාළු මිතුරු හිතවත් අය මා හට ඉන්නා -
දුර්වල මට කැමති නොවේවී

(6)

ගින්නෙ දවන්නේ සිත නැති දරකඩක් බඳු
- කුණු වී යන සිරුරක් පමණයි
මෙය වටකොට නෑයෝ වැලපුනත් කොපමණ
- මළකඳ නෑ කිසිවක් දන්නේ

එනිසයි මං ශෝක නොකොට ඉන්නේ
- එයා ඊළඟ උපත වෙත ගියා

නැගණියගේ බස් ඇසූ සක්දෙවිඳු මිය ගිය පුත්‍රයාගේ බිරිඳ වෙත හැරුනා. "නැගණියෙනි... මේ දැවෙන තැනැත්තා ඔයාගේ කව්ද?" "අනේ ස්වාමී... ඔය ඉන්නේ මගේ ස්වාමිපුරුෂයා." "හෝ... ඒ ඔයාගේ ස්වාමිපුරුෂයා ද! අයියෝ ස්වාමියා මළ ස්ත්‍රීන්ට වෙන දේ දන්නැද්ද. වැන්දඹුවක් වෙනවා. අනාථ වෙනවා. ඒක ඔයාට හඬා වැටෙන්ට කරුණක් නොවෙයි ද!"

එතකොට ඈ සිය ස්වාමියා වෙනුවෙන්වත් නොහඬා ඉන්න කරුණ මේ ගාථාවන්ගෙන් පැවසුවා.

(7)

මව් තුරුලට වී එළියේ හිඳගෙන සිටි පුතු -
බැස යන සඳ ඉල්ලා කොයිතරම් වැලපුනත්
සඳ බැස යනවා ම යි නෑ නවතින්නේ -
දරුවට නම් නාඬා සිටින්ට වෙනවා
කොතරම් ආලය කෙරුවත් මං සැමියාට -
දැන් ඒ සඳ මගේ ලොවින් ඈත බැස ගියා
මිය ගිය සැමියා ඉල්ලා කොයිතරම් වැලපුනත් -
ඒ සඳ මට ආයෙත් නෑ නැඟ එන්නේ

(8)

ගින්නෙ දවන්නේ සිත නැති දරකඩක් බඳු -
කුණු වී යන සිරුරක් පමණයි
මෙය වටකොට නැයෝ වැලපුනත් කොපමණ -
මළකඳ නෑ කිසිවක් දන්නේ
එනිසයි මං ශෝක නොකොට ඉන්නේ -
එයා ඊළඟ උපත වෙත ගියා

මියගිය පුතුගේ බිරිඳගේ බස් ඇසූ සක්දෙවිඳු දාසිය වෙත යොමු වුනා. "මැණියනි... ඇයි... ඔයාට කිසි දුකක් නැද්ද? මේ ඔයාගේ කව්ද?" "අනේ ස්වාමී... මේ මගේ ආර්ය පුත්‍රයා." "ඇයි... ඒ ආර්යපුත්‍රයා... නුඹව තලා පෙළා බැණ වැදී වැඩ ගන්ට ඇති. මැරුන එක යසයි කියලා වෙන්ට ඇති නුඹ කිසි කණගාටුවක් නැතිව නාඬා ඉන්නේ?"

"අනේ ස්වාමී... එහෙම කියන්ට එපා. මගේ මේ ආර්ය පුත්‍රයා හරිම දයා කරුණාමෛත්‍රියෙන් යුක්තව මට ආදරෙන් සැලකුවා. මාත් මගේ ම කුසෙන් වැදූ දරුවෙකුට වගේ මහත් ආදරයෙන් උපස්ථාන කළේ." "එහෙනම් නුඹ හඬන්ට එපායැ."

එතකොට ඈ නාඬා ඉන්නා කාරණාව මේ ගාථාවන්ගෙන් පැවසුවා.

(9)

වතුර තිබෙන කළගෙඩියක් බිඳුනට පස්සේ -
  ආයෙ කළය හදාගන්ට බෑ
ඉර්ධිමතෙක් කළය නැවත හදාලා දුන්නත් -
  මිය ගියාට පස්සෙ මුකුත් බෑ
ඉර්ධිබලේ තියෙන අයත් මැරී යනව නම් -
  මැරුන කෙනෙක් වෙනුවෙන් මං ඇයි ද හඬන්නේ

(10)

ගින්නෙ දවන්නේ සිත නැති දරකඩක් බඳු
  - කුණු වී යන සිරුරක් පමණයි
මෙය වටකොට නෑයෝ වැලපුනත් කොපමණ
  - මළකඳ නෑ කිසිවක් දන්නේ

එනිසයි මං ශෝක නොකොට සිටින්නේ - එයා ඊළඟ උපත වෙත ගියා

සක්දෙවිඳු සියලු දෙනාගේ ම අදහස්වලට ගොඩාක් පැහැදුනා. "පින්වත්නි, ඔහේලා හැමෝම ඉතාමත් ඕනෑකමකින් මරණය පිළිබඳ සිහිකොට තියෙනවා. මරණය ගැන මනා අවබෝධයකින් ඉඳලා තියෙනවා. මරණානුස්සති භාවනාව දියුණු නොකළා නම් ඔහොම ඉන්ට බෑ. මෙතැන් පටන් ඔයාලා මේ අතපය වෙහෙසා වැඩ කරන්ට ඕනෑ නෑ. මං සක්දෙවිඳු. මං ඔහේලාගේ නිවස සත්රුවනින් පිරෙව්වා. දැන් ඉතින් හිතේ හැටියට දන් දෙන්ට. සිල් රකින්ට. උපෝසථයේ යෙදෙන්ට. අප්‍රමාදීව ඔය විදිහට ම මරණසතියේ යෙදී වසන්ට කියා දෙව්ලොව ගියා."

මෙය වදාළ අපගේ භාග්‍යවතුන් වහන්සේ චතුරාර්ය සත්‍ය ධර්මය වදාළා. ඒ ධර්ම දේශනාව අවසානයේ පුත්‍ර ශෝකයෙන් සිටි ඒ උපාසක ශෝකයන් සංසිඳුවාගෙන සෝවාන් ඵලයට පත් වුනා.

"මහණෙනි, එදා දාසිය වෙලා සිටියේ ඛුජ්ජුත්තරා. දියණිය වෙලා සිටියේ උප්පලවණ්ණා. පුත්‍රයා වෙලා සිටියේ අපගේ රාහුලයෝ. බ්‍රාහ්මණ බිරිඳව සිටියේ ඛේමාවෝ. බ්‍රාහ්මණයා වෙලා සිටියේ මම" යි කියා භාග්‍යවතුන් වහන්සේ මේ ජාතකය නිමවා වදාළා.

05. ඝත ජාතකය

විපත සැපතට හරවා ගත් ඝත රජ්ජුරුවන්ගේ කතාව

පින්වතුනේ, පින්වත් දරුවනේ,

ලෝකයේ ජීවත් වෙන අයට අසත්පුරුෂයන්ගෙන් හිංසා පීඩා නොලබා ජීවත් වෙන්ට විදිහක් නෑ. තමන් කොයිතරම් හොඳට ධාර්මිකව හිටියත් නොකළ වැරදිවලට හසුවෙනවා. අභූත චෝදනාවලට ලක් වෙනවා. නොයේක් කරදර වෙනවා. හැබැයි ධර්මය හොඳට ඉගෙන ගත්, ධර්මය පුරුදු කරන්ට දක්ෂ, ධර්මය මෙනෙහි කරන කෙනාට ධර්මයේ රැකවරණ ලබාගන්ට හැකි වෙනවා. මේ කතාවෙන් කියැවෙන්නේ එබඳු දෙයක් ගැනයි.

ඒ දිනවල අපගේ ශාස්තෘන් වහන්සේ වැඩ වාසය කළේ සැවැත්නුවර ජේතවනයේ. ඒ දවස්වල කොසොල් රජ්ජුරුවන්ට ගොඩාක් හිතවත්ව ඉතාමත් සාධාරණ ලෙස රාජකාරී කරන අවංක ඇමතියෙක් සිටියා. මොහුගේ සේවයට සැලකීමක් වශයෙන් රජ්ජුරුවෝ සෑහෙන්න යසපිරිවර සත්කාර දුන්නා. මෙයට ඊර්ෂ්‍යා කළ වෙනත් ඇමතිවරු රජ්ජුරුවන්ට මේ ඇමතියා ගැන කේළාම් කියලා සිත බිඳෙව්වා. මොහු ගැන කළ චෝදනා විශ්වාස කළ රජ්ජුරුවෝ මේ ඇමතියාව බන්ධනාගාරගත කළා.

'දැන් ඉතින් මට ධර්මය හැර වෙන පිහිටක් නෑ. මං ධර්මයේ හැසිරෙනවා' කියා සිතූ මේ ඇමතියා හැමෝටම මෙත් සිත වැඩුවා. ලාභ සත්කාරයන්ගේ ඇති අනිත්‍ය බව මෙනෙහි කළා. සැපසේ වාසය කළ තමන් දැන් සිරකුටියක සිටිනවා. මේ හැම දෙයක් ම අනිත්‍යයි කියා තමන්ගේ ඇස - කන - නාසය - දිව - කය - මනස යන ආයතන ගැනත් විස්තර වශයෙන් මෙනෙහි කරමින් විදර්ශනා වඩන්ට පටන් ගත්තා. ඒ හේතුවෙන් මේ ඇමතියා තුළ සෝවාන් මාර්ගය පහළ වුනා. කොසොල් රජ්ජුරුවන්ටත් මේ ඇමතියා නිර්දෝෂී අයෙක් බව තේරිලා, මොහුගේ ගුණ සලකා හිරෙන් නිදහස් කොට කලින් දැක්වූ සියලු වරප්‍රසාද ලබා දුන්නා.

එතකොට මේ ඇමතියා සුවඳ මල් රැගෙන භාග්‍යවතුන් වහන්සේ බැහැ දකින්ට ගොහින් භාග්‍යවතුන් වහන්සේට මල් පුදා වන්දනා කොට එකත්පස්ව වාඩි වුනා. භාග්‍යවතුන් වහන්සේ මෙසේ අසා වදාළා. "උපාසක... ඔබ මහා විශාල කරදරයක වැටුනා නේද?" "එහෙමයි ස්වාමීනී... ඒ වගේම ස්වාමීනී, මං ඒ කරදරය මැඩගෙන මට විශාල යහපතක් උදාකරගත්තා. මං තුළ සෝවාන් මාර්ග ඥානය පහළ වුනා."

"උපාසක... ඒක හරි... ඔය වගේ තමන්ට ඇති වූ කරදරය මැඩගෙන යහපත උදාකරගත්තේ ඔබ විතරක් නොවේ. ඉස්සර කාලේ වාසය කළ නුවණැත්තොත් ඔය විදිහට ම යි කටයුතු කළේ.

"අනේ ස්වාමීනී... ඉස්සර කාලේ නුවණැත්තෝ විපත මැඩගෙන සැපත උදාකරගත් ආකාරය මට කියාදෙන සේක්වා!" කියා ඔහු භාග්‍යවතුන්

වහන්සේගෙන් ඉල්ලා සිටියා. භාග්‍යවතුන් වහන්සේ මේ අතීත කතාව ගෙනහැර දක්වා වදාළා.

"මහණෙනි, ගොඩාක් ඉස්සර කාලෙක බරණැස්පුරේ බ්‍රහ්මදත්ත නමින් රජ්ජුරු කෙනෙක් රාජ්‍ය විචාරමින් සිටියා. ඔය කාලයේ මහාබෝධිසත්වයෝ බරණැස් රජ්ජුරුවන්ගේ පුත්‍රස්ථානයේ උපන්නා. පිය රජ්ජුරුවන්ගේ ඇවෑමෙන් සත නමැති මේ බෝසත් කුමාරයා රජ බවට පත් වුනා. ඔය රජ්ජුරුවෝ ළඟ සේවය කළ එක්තරා ඇමතියෙක් හොරාට අන්තඃපුරයට රිංගා බිසොවක් දූෂණය කරන්ට පුරුදුව සිටියා. දවසක් මෙය රජ්ජුරුවන්ගේ අතටම අහු වුනා. එතකොට රජ්ජුරුවෝ ඒ ඇමතියාව රටින් පිටුවහල් කළා.

ඔය කාලේ සැවැත්නුවර රජ කළේ ධංක කියන රජ්ජුරුවෝ. පිටුවහල් කරනු ලැබූ ඇමතියා සැවැත් නුවර ඇවිත් ධංක රජ්ජුරුවන්ට සේවය කරන්ට පටන් ගත්තා. බරණැස් රජ්ජුරුවන්ගෙන් පලිගැනීමේ අදහසින් මොහු ධංක රජ්ජුරුවන්ව බරණැස ආක්‍රමණය කරන්ට පෙළඹෙව්වා. ධංක රජ්ජු මොහුගේ බස් පිළිගෙන බරණැස ආක්‍රමණය කොට බරණැස් රජ්ජුරුවන්ව අත්අඩංගුවට ගෙන බන්ධනාගාරගත කළා. එතකොට බරණැස් රජ්ජුරුවෝ මෙත් සිත පතුරුවා භාවනා කොට ධ්‍යාන උපදවාගෙන බන්ධනාගාර සිරමැදිරිය ඇතුළේ අහසේ පළක් බැඳගෙන සිටියා. එසැණින් ම ධංක රජ්ජුගේ ශරීරයෙන් මහා දැවිල්ලක් ඇති වෙලා ගිනි ගන්නවා වගේ දැනුනා. රජ්ජුරුවෝ වේදනාවෙන් කෑ ගසනකොට ඇමතිවරු කිව්වා "ධාර්මික රජෙකුගේ රාජ්‍ය පැහැර ගැනීමෙන් තමා මේක වෙන්ට ඇත්තේ. ආං රජ්ජුරුවෝ සිර මැදිරියේ පළක් බැඳගෙන අහසෙ ඉන්නවා" ය

කියලා. එතකොට ධංක රජු සිර මැදිරියට ගිහින් රන් කැඩපතකින් දිස්වෙන සිනිඳු නෙළුමක් වගේ අසාමාන්‍ය සුන්දර ශ්‍රී ශෝභාවකින් බැබලී ගිය බරණැස් රජුගේ ප්‍රීතිමත් මුහුණ දැක මේ ගාථාව පැවසුවා.

(1). **අනිත් සියලු අය ශෝක කරනවා හඬා වැටෙනවා**
කඳුළු පිරී ගිය මුහුණින් බලා සිටිනවා
එනමුත් සත රජ්ජුරුවෙනි තොප විතරක් ඇයි
පියකරු මුහුණින් බැබලී ශෝක නැතිව සිටින්නේ

එතකොට බෝධිසත්වයෝ ධංක රජුට තමා ශෝකයෙන් තොරව වාසය කරන ආකාරය පහදමින් මේ ගාථාවන්ගෙන් පිළිතුරු දුන්නා.

(2). **ධංක රජුනි ඒකට හේතුවක් තියෙනවා**
අතීතයට ගිය දෙය මං අරගෙන එන්නෑ
අනාගතේ නොපැමිණි සැප පතා ඉන්නෙ නෑ
එනිසා එය සිතමින් මං සෝක කරන්නෑ
ශෝකය උපදවා ගන්ට කරුණු සොයන්නෑ

(3). **ශෝක කරන කෙනා එයින් කෘශ වී යනවා**
ඇගේ පැහැය නැති වී මැලවිලා ම යනවා
කන්ට බොන්ට උවමනාව නැති වී යනවා
ශෝක හුලින් ලද පහරින් දුකින් පෙළෙනවා
දුක් විඳිනා ඔහු දැක සතුරෝ හිනැහෙනවා

(4). **මා හට ගමේ වුනත් වනේ වුනත් ඉන්ට වුනෝතින්**
බැවුමක වුනත් කඳු මුදුනෙත් ඉන්ට වුනෝතින්
ශෝකය ඇති කරන දෙයක් මට දැනෙන්නෙ නෑ
කැරකෙන අට ලෝදම මං දැනගෙන ඉන්නේ
දැහැන් උපදවාගෙන සිත රැකගෙන එන්නේ

(5). ලෝකෙ තියෙන සියලු කාම රසයන් ලැබුනත්
ධ්‍යාන සැපයේ රසයට ළං කරන්ට බෑ
දැහැන් සැපය විඳි කෙනාට කම් සැපය වැඩක් නෑ
මුළු පොළොවේ සැප දුන්නත් ඔහුට වැඩක් නෑ

මෙයට සවන් දුන් ධංක රජුට තමා මහා බරපතල වරදක් කළ බව වැටහුනා. බෝධිසත්වයන් සමා කරවා ගත්තා. ආපසු බරණැස් රාජ්‍යය සත රජ්ජුරුවන්ට ම දුන්නා. එතකොට සත රජ්ජුරුවෝ ඇමතිවරුන්ට රාජ්‍ය පවරා කෙළින්ම හිමාලයට ගියා. ගිහින් ඍෂි පැවිද්දෙන් පැවිදි වුනා. ධ්‍යාන අභිඥා සමාපත්ති උපදවා ගත්තා. මරණින් මතු බඹලොව උපන්නා.

මහණෙනි, ඒ කාලේ ධංක රජු වෙලා සිටියේ අපගේ ආනන්දයෝ. සත රජ්ජුරුවෝ වෙලා සිටියේ මම" යි කියා භාග්‍යවතුන් වහන්සේ මේ ජාතකය නිමවා වදාළා.

06. කාරණ්ඩිය ජාතකය

ගුරුවරයාට වෙන අනවශ්‍ය වෙහෙසින් වැළකූ කාරණ්ඩිය පණ්ඩිතගේ කතාව

පින්වතුනේ, පින්වත් දරුවනේ,

අපගේ භාග්‍යවතුන් වහන්සේ සංසාර ගමනේදී සත්වයන් එක එක ආපදාවන්ට පත්වෙන ආකාරයත්, සසර පුරුදු බලපවත්වන ආකාරයත්, මේ ජාතක කතාවන්ගෙන් විස්තර නොකරන්නට මෙතරම් සංකීර්ණ තත්වයකට සත්වයා පත්වී ඇති බව බැලූ බැල්මට හොයාගන්ට ම බෑ. මේ කතාවත් කියවා බලන්ට.

ඒ දිනවල අපගේ භාග්‍යවතුන් වහන්සේ වැඩ වාසය කොට වදාළේ සැවැත්නුවර ජේතවනයේ. ඔය කාලේ අපගේ ධර්ම සේනාධිපතීන් වහන්සේ ජේතවනයට යන එන මුණගැසෙන දඩයක්කාරයන්, කුරුළු වැද්දන්, මාළු අල්ලන්නන් ආදී දුසිල් පුද්ගලයන්ටත්, තමන්ට මුණගැසෙන ගැසෙන පුද්ගලයන්ටත් "පින්වත, සීලය කියන්නේ ගොඩාක් උතුම් දෙයක්. ඒ නිසා ඔයාලා සිල් සමාදන් වෙන්ට, සිල් ගන්ට කියමින් ඔවුන්ට සිල් දෙනවා. ඔවුනුත් අපගේ ධර්ම සේනාධිපතීන් වහන්සේට ඇති ආදර ගෞරවය නිසා මුකුත් නොකියා, තෙරුන්නාන්සේගේ කතාවට බාධාවක් කරන්ට බැරිකොමට සිල් ගන්නවා.

සිල් ගන්නවා විතරයි. සිල් රැකීමක් නෑ. සිල් ගන්ට කියන කොට සිල් ගන්නවා, සිල් අරගෙන තම තමන්ගේ පුරුදු දුසිල් වැඩ ඒ විදිහට ම කරගෙන යනවා. අපගේ සාරිපුත්තයන් වහන්සේට මේ උදවිය සිල් ගන්නේ රකින්ට නොවන බව තේරුනා. දවසක් තමන් සමඟ එකට සිටින භික්ෂූන් වහන්සේලාට අපගේ අග්‍රශ්‍රාවකයන් වහන්සේ මෙසේ වදාළා.

"බලන්ට ඇවැත්නි... මේ මිනිස්සු නම් පුදුම අය. මං ළඟදී බොරුවට වැඳගෙන සිල් ගන්නවා. ගන්නවා විතරයි. කල්පනාවෙන් ඒ සිල්පද ආරක්ෂා කරගැනීමක් නෑ නොවැ. කලින් කරපුවා එහෝම කරගෙන යනවා."

"අනේ ස්වාමීනී, උන්දැලාට ඕනෑකොමක් තිබිලා නොවෙයි. උන්දැලා කැමැත්තෙන් නොවෙයි ඔය සිල් අරගන්නේ. ඔබවහන්සේගේ කතාවට බාධා කරන්ට පුළුවන්කොමක් නැති නිසයි. අනේ ස්වාමීනී, මීට පස්සෙවත් මුණ ගැහෙන හැමෝටම සිල් දෙන්ට එපා. ඔය විදිහේ අයට සිල් දීලා පලක් නෑ." එතකොට අපගේ ධර්මසේනාධිපතීන් වහන්සේ ඒ අදහසට සතුටු වුනේ නෑ.

දම්සභා මණ්ඩපයේ රැස්වූ භික්ෂූන් වහන්සේලා මේ ගැන කතා කරමින් සිටියා. "අනේ අපගේ සාරිපුත්තයන් වහන්සේ තරාතිරම නොබලා මුණගැසෙන හැමෝටම කතා කළ ගමන් සිල් දෙනවා නොවැ. වැද්දන්ටත් සිල් දෙනවා. ඒ උදවිය සිල් අරගන්නේ අපගේ මහතෙරුන්නාන්සේට ගරුසරුකමට මිසක් එයාලාට සිල් ගැන වගක් නෑ. සතුනුත් මරනවා. සොරකමුත් කරනවා. බොරුත් කියනවා. බොනවා. අවස්ථාවට අනුව ජීවත් වෙන අය නොවැ."

ඒ අවස්ථාවේ අපගේ භාග්‍යවතුන් වහන්සේ එතැනට වැඩම කොට වදාළා. භික්ෂූන් වහන්සේලා තමන් කතා කරමින් සිටි කරුණ භාග්‍යවතුන් වහන්සේට සැලකළා. භාග්‍යවතුන් වහන්සේ මෙසේ වදාළා.

"මහණෙනි, අපගේ සාරිපුත්තයන් මේ ආත්මේ විතරක් නොවෙයි මුණගැහෙන හැමෝට ම සිල් දෙන්නේ. කලින් ආත්මෙකත් ඕක ම කළා. තමන්ට හමුවෙන හැමෝටම සිල් දුන්නා" කියා මේ අතීත කතාව ගෙනහැර දක්වා වදාළා.

"මහණෙනි, ගොඩාක් ඉස්සර කාලෙක බරණැස්පුරේ බ්‍රහ්මදත්ත නම් රජ්ජුරු කෙනෙක් රාජ්‍ය විචාරමින් සිටියා. ඔය කාලේ මහාබෝධිසත්වයෝ බ්‍රාහ්මණ පවුලක උපන්නා. තක්ෂිලාවට ගොහින් දිසාපාමොක් ආචාර්යයන් යටතේ ශිල්ප ශාස්ත්‍ර හැදෑරුවා. බෝධිසත්වයෝ කාරණ්ඩිය පණ්ඩිත නමින් ප්‍රසිද්ධ වෙලා දිසාපාමොක් ආචාර්යයන්ගේ ප්‍රධාන ශිෂ්‍යයා බවට පත් වුනා.

ඔය කාලේ දිසාපාමොක් ආචාර්යපාදයෝ තමන්ට මුණගැසෙන වැද්දන්, මාළු අල්ලන මිනිසුන් ආදී ඕනෑම කෙනෙකුට ඔවුන් සිල් සමාදන් වෙන්ට ඕනෑ කියා ඉල්ලන්නේ නැතිව සිටිද්දී ම සිල් ගන්ට, සිල් රකින්ට කිය කියා සිල් දෙනවා. ආචාර්යපාදයන්ගේ මූණට මොකොවත් කියාගන්ට බැරිකොමට ඔවුනුත් සිල් ගන්නවා. එච්චරයි. දහවතාවක් හරි සිල් ගනීවි. හැබැයි සිල් රකින්ට කිසිම අදහසක් නෑ. රකින්නෙත් නෑ. තමන් සිල් දුන්නාට දඩයක්කාරයින් වැනි අය සිල් නොරකින බව දිසාපාමොක් ආචාර්යයන්ට තේරුනා. දවසක් තමන්ගේ සිසු පිරිස සමඟ මෙය පැවසුවා.

"බලන්ට දරුවෙනි... මං අර උදවියට සිල් දුන්නාට කිසි වැඩක් නෑ. සිල් ගන්නවා විතරයි. සිල් රැකීමක් නෑ."

"අනේ ආචාර්යපාදයෙනි... අපි මේක දැනගෙන හිටියේ. මීට පස්සේ සිල් ගන්ට ඕනෑ කියා ඉල්ලුවොත් සිල් දෙන්ට. ඒක හොඳයි නේද ආචාර්යපාදයෙනි. ඔය මුණගැහෙන හැමෝට ම සිල් දෙන එකෙන් එයාලා ප්‍රයෝජන ගන්නේ නෑ නොවැ. සිල් ඉල්ලන්නේ නැති අයට සිල් නොදී ඉන්ට."

නමුත් ආචාර්යපාදයෝ ඒ අදහසට සතුටු වුනේ නෑ. කලින් විදිහට ම වැද්දන්ටයි, කෙවුලන්ටයි, සත්තු වගේ ජීවත් වෙන මිනිසුන්ටයි සිල් දෙන එක දිගටම කරගෙන ගියා.

දවසක් එක ගමකින් මිනිස්සු ඇවිත් බ්‍රාහ්මණයන් ලවා ශ්ලෝක කියවා සෙත්පතා ගන්ට ආරාධනා කළා. එතකොට දිසාපාමොක් ආචාර්යපාදයෝ කාරණ්ඩිය පණ්ඩිත කැඳවා "පුත්‍රය, මට නම් යන්ට වෙන්නේ නෑ. තොප ගොහින් මේ පන්සියයක් බ්‍රාහ්මණ මානවකයන් එක්ක අසවල් ගමේ ශ්ලෝක කියා සෙත්පතා අපට ලැබෙන පිරිකර කොටසත් අරගෙන එන්ට" කියා පිටත් කොට යැව්වා.

කාරණ්ඩිය පණ්ඩිත ගමට ගොහින් ආපසු එන අතරේ කන්දක් පාමුල ලොකු බෑවුමක් දැකලා මෙහෙම සිතුවා. 'අපගේ ආචාර්යපාදයෝ දකින දකින අයට එයාලා ඉල්ලන්නැතිව සිටියදීත් සිල් දෙනවා නොවැ, මෙතැන් පටන් සිල් ඉල්ලන අයට විතරක් සිල් දෙන විදිහට ආචාර්යපාදයන්ව පොළඹවා ගන්ට වැඩක් කොරන්ට ඕනෑ' කියා අනිත් මානවකයන් සුවසේ වාඩි වී

ගිමන් හරිද්දී කාරණ්ඩිය පණ්ඩිත විතරක් නැගිට ගොහින් එක දිගට අර මහ බෑවුමට ලොකු ගල් වීසි කරන්ට පටන් ගත්තා. නැවැත්තුවේ නෑ.

එතකොට අනිත් තරුණයෝ නැගිට ගිහින් "පණ්ඩිතයෙනි, ඔය මොනාද කරන්නේ? ගල් ගෙනැත් ගෙනැත් බෑවුමට විසික්කරනවා. ඇයි අපි දැන් යන්නැද්ද?" එතකොට කාරණ්ඩිය පණ්ඩිතයෝ වචනයක් කතා කළේ නෑ. මානවකයෝ මේ මක්කවෙලා දැයි කියා හොඳටෝම භය වුනා. භය වෙලා හිටං දුවගෙන ගිහිං දිසාපාමොක් ආචාර්යයන්ට කියා සිටියා. ආචාර්යපාදයෝ හොඳටෝම කලබල වෙලා එතැනට ඇවිදින් කතා බහ නැතුව බෑවුමට ගල් ගෙනත් ගෙනත් දාන කාරණ්ඩිය පණ්ඩිතට මෙහෙම කිව්වා.

(1). අනේ පුතේ කාරණ්ඩිය -
මේ මොකොදෑ නුඹට මේ උනේ
තනියම මේ වනන්තරේ -
හනි හනිකට ගල්ගෙඩි ගෙනැවිත්
මහ කලබලේට විසි කර කර -
ඇයි මේ බෑවුමට දමන්නේ

මෙය ඇසූ කාරණ්ඩිය පණ්ඩිත සිය ආචාර්යපාදයන්ට මේ ගාථාවෙන් පිළිතුරු දුන්නා.

(2). මහ සයුරෙන් වට වී තියෙනා -
මේ මහා පොළොව සමතලා කොට
අල්ල වගේ මට්ටම් කරලා -
සකසන්ට යි මං වෙහෙසෙන්නේ
කඳු බෑවුම් හැම දෙයක් ම -
පිළිවෙළකට ගන්ට යි මං ගල් පුරවන්නේ

කාරණ්ඩිය පණ්ඩිත හදන්නේ තනියම මහාපොළොව සමකරන්ටයි. කවදාකවත් තනි මිනිහෙකුට එය කරන්ට බැරි බව පහදා දෙන්ට ඕනෑ කියා දිසාපාමොක් ආචාර්යයෝ මේ ගාථාව පැවසුවා.

(3). අනේ පුතේ කාරණ්ඩිය -
නුඹ තනි මිනිහෙක් කොහොමෙයි
මේක අල්ල වගේ සම කොරන්ට -
කවදාවත් නුඹට ඒක බෑ
මේ කඳු බෑවුම් පුරවා -
සම කොරන්ට වෙහෙසෙද්දි ම
මේව තිබෙද්දී එහෝම -
නුඹ විතරක් මැරිලා යාවී

ආචාර්යපාදයෝ මෙය කී විට තමන් අදහස් කළ කරුණ දැන් ආචාර්යයන් හට කියන්ට අවස්ථාව ආ වග කාරණ්ඩිය පණ්ඩිතට තේරුනා. එතකොට කාරණ්ඩිය පණ්ඩිත මේ ගාථාව පැවසුවා.

(4). ආචාර්යපාදයනී -
එහෙම වෙන්නෙ කොහොමෙයි
හැම සතුන්ව උසුලා සිටිනා -
මේ මහා පොළොව සම කරන්ට
බැරි නං තනි මිනිහෙක් හට -
ඔබ විතරක් තනියම කොහොමෙයි
කඳු හෙල් ඇති මහපොළොව වගේ -
නොයෙක් නොයෙක් ගති ගුණ ඇති
සියලු දෙනාට ම සිල් දී - සිල්වතුන් කරන්නේ

කාරණ්ඩිය පණ්ඩිත මේ ගාථාව කී විට තමා ආචාර්යපාදයන්ට තේරුනේ. මේ සිසු දරුවා මෙතෙක්

වෙහෙසී තියෙන්නේ කඳු බෑවුම් සම කරන්ට නොවේ. තමන් වැද්දන්ටයි, කෙවුලන්ටයි, හොරුන්ටයි හැම එකාට ම සිල් දෙන එකත් මේ ගල් පුරවා කඳු බෑවුම මට්ටම් කරන්ට යනවා වගේ දෙයක් බව පෙන්නා දෙන්ටයි. එය වහා වටහාගන්ට ආචාර්යපාදයෝ සමත් වුනා. එතකොට මේ ගාථාව පැවසුවා.

(5). **අනේ පුතේ කාරණ්ඩිය -**
තනි මිනිහෙක්ට නං කිසිදා
මහා පොළොව අල්ල වගේ -
සම කොරන්ට බැරුවා සේ
මේ සියලුම මනුස්සයොත් -
තනි මිනිහෙක් සිල් දීලා
හික්මවලා ගන්නා එක -
බැරුවා ම යි, බැරුවා ම යි
නුඹ මට මෙය කියා දෙන්ට -
ගත්තු දෙයින් මටත් තේරුනා

මේ විදිහට දිසාපාමොක් ආචාර්යපාදයෝ කාරණ්ඩිය පණ්ඩිතයන්ට ස්තුති කළා. මහණෙනි, එදා දිසාපාමොක් ආචාර්යපාද වෙලා සිටියේ අපගේ සාරිපුත්තයෝ. කාරණ්ඩිය පණ්ඩිත වෙලා සිටියේ මම" යි කියා භාග්‍යවතුන් වහන්සේ මේ ජාතකය නිමවා වදාළා.

07. ලටුකික ජාතකය
ඇත් රජාගෙන් පළිගත් කැට කිරිල්ලගේ කතාව

පින්වතුනේ, පින්වත් දරුවනේ,

ඇතැම් උදවිය පළිගන්ට සිතුනාම ඒක ආයෙ අත්හරින්නේ නං නෑ. ඒකෙන් තමාට සංසාරේ මොන විදිහේ විපාක විඳින්ට වේද කියා එයා කල්පනා කරන්නේ නෑ. ඇහැක් නම් අනිත් අයත් තමන්ගේ වැඬේට පටලවා ගන්නවා. අනිත් අයත් ඒකට අහුවෙලා අන්තිමට කරන්නේ අර පළිගන්ට සිතාගෙන වැඩ කරනා කෙනාගේ අදහස ඉටු කර දීම යි. මේ කතාවෙන් එය හරි අගේට පැහැදිලි වෙනවා.

ඒ දිනවල අපගේ භාග්‍යවතුන් වහන්සේ වැඩ වාසය කොට වදාළේ රජගහනුවර වේළුවනාරාමයේ.

දවසක් දම්සභා මණ්ඩපයේ රැස්වූ භික්ෂූන් වහන්සේලා මෙහෙම කතා බස් කරමින් සිටියා. "අනේ ඇවැත්නි බලන්ට... දේවදත්ත හරී දරුණු, බිහිසුණු, සාහසික කෙනෙක් නේද? මේ මනුස්සයන් ගැන දයානුකම්පා කරුණා මාත්‍රයක් නෑ. කොහොම හරි තමන් සිතන දේ ක්‍රියාත්මක කරන්ට විතරයි ඕනෑ. එහෙම

තමන්ගේ අදහසට පොළඹවා ගන්නා අයට මොනවා උනත් කමක් නෑ.”

ඒ අවස්ථාවේ අපගේ භාග්‍යවතුන් වහන්සේ එතැනට වැඩම කොට වදාළා. භික්ෂූන් වහන්සේලා තමන් කතා කරමින් සිටි කරුණ භාග්‍යවතුන් වහන්සේට සැළකළා. එතකොට භාග්‍යවතුන් වහන්සේ මෙසේ වදාළා.

“මහණෙනි, ඔය දේවදත්ත අකාරුණික වෙලා ඉන්නේ මේ ආත්මේ විතරක් නොවේ. මීට කලින් ආත්මෙත් ඔහොම තමා. දයානුකම්පා තිබුනේ නෑ” කියා මේ අතීත කතාව ගෙනහැර දක්වා වදාළා.

“මහණෙනි, ගොඩාක් ඉස්සර කාලෙක බරණැස් නුවර බ්‍රහ්මදත්ත නම් රජ්ජුරු කෙනෙක් රාජ්‍ය විචාරමින් සිටියා. ඔය කාලේ මහා බෝධිසත්වයෝ ඇත් යෝනියේ උපන්නා. කලක් යද්දී ඉතාම ලස්සන, විශාල සිරුරක් තියෙන මහා අලංකාර හස්තිරාජයෙක් වුනා. අසූදහසක ඇත්පිරිසට නායක වෙලා හිමාල වනයේ වාසය කළා.

ඔය කාලේ එක්තරා කැටකිරිල්ලියක් ඇතුන් හැසිරෙන ප්‍රදේශයේ බිත්තර දැම්මා. ඒ බිත්තර මෝරලා ගිහින් කුඩා කැටකුරුළු පැටව් එළියට ආවා. තවම ඒ කුරුළු පැටවුන්ට තටු ඇවිදින් නෑ. ඉගිල යා ගන්ටත් බෑ. ඔය අතරේ හස්තිරාජයා තමන්ගේ අසූ දහසක ඇත් පිරිසත් එක්ක ගොදුරු සොයන අතරේ ඔය ප්‍රදේශයට පැමිණුනා. මේ මහා පර්වත වැනි සතුන් සේනාව දුටු කැටකිරිල්ලී හොඳටෝම භය වුනා. ‘හනේ හපොයි... දැන් මේ ඇත් රජා ඇවිදින් මයෙ දරුවන්ව පාගා මරා දමාවි. තවම ඒකුන්ට තටුවත් හරියට ඇවිදින් නෑ නොවැ. අනේ මං ගොහින් මේ ඇත්රජාගෙන් මයෙ දරුවන්ට

ආරස්සාව ඉල්ලන්ට ඕනෑ' කියා ඇත් රජා ඉදිරියට ගියා. අත්තටු දෙක එක්කොට වැඳගත්තා. මේ ගාථාවෙන් මෙහෙම පැවසුවා.

(1). හනේ අපේ ඇත් රජුනේ -
හැට අවුරුද්දකින් මෙහා - නොවැටෙන බල ඇති
උපන්න මහවනේ - ඇත් පිරිසේ රජු වූ -
මහා යස පිරිවර ඇති
තොපට වඳිමි මම් -
මයෙ අත්තටු එක්කොට වඳිනෙමි
හරි දුබලයි තවම මගේ දරු පැටවුන් -
අනේ උන්ව මරන්ට නං එපා

එතකොට ඇත් රජා කැට කිරිල්ලිට මෙහෙම කිව්වා. "මේ... කැට කිරිල්ලියේ, මං උඹේ දරුපැටවුන්ට අනතුරක් නොවෙන්ට ආරස්සා කොරන්නම්. ඒකට භය ගන්ට කාරි නෑ" කියා ඇත්රජා අර කුරුළු පැටව් මැදි කරගෙන සිට ගත්තා. අසූදහසක් ඇතුන් මහා ඇත්රජාට එහෝම ඉන්ට දීලා ඒ අයිනෙන් ගියා. කුරුළු පැටව් බේරුනා. ඊට පස්සේ ඇත්රජා කැටකිරිල්ලිට මෙහෙම කිව්වා. "කැටකිරිල්ලියේ, ඕං මං මයෙ යුතුකම ඉෂ්ට කොළා. හැබැයි බොලේ... අපට පිටිපස්සෙන් අපේ රැළට අයිති නැති තනි අලියෙකුත් එනවා. ඒකා වෙනම එන්නේ. ඒකා අපි කියන එක අහන්නෙ නෑ. ඒ නිසා අපිත් ඒකා එක්ක ගනුදෙනුවක් නෑ. උඹ ඇහැක් නම් දැන් මට කිව්වා වගේ යාච්ඤා කොරපං. එතකොට ඒකාත් උඹේ දරුපැටවුන් බේරලා යාවි."

එතකොට කැටකිරිල්ලී තනි අලියා එනවා ඇත තියා ම දැක්කා. දැකලා පෙර ගමන් ගියා. අලියාගේ

ඉදිරියෙන් සිට ගත්තා. අත්තටු දෙක එක්කොට වැඳගෙන බොහොම යටහත්පහත් ව මෙහෙම කිව්වා.

(2)

ඉපදී මහවනයේ -
ගොදුරු සොයන කඳු බෑවුම්වල
තනිව වසන ඇත් රජුනේ -
තොපට වඳිමි මම්
මයෙ අත්තටු එක්කොට වඳිනෙමි
තවම මගේ දරුපැටවුන් හරි දුබලයි -
අනේ උන්ව මරන්ට නං එපා

කැටකිරිල්ලිගේ ආයාචනය ඇසූ තනි අලියා මහා උඩඟුකමකින් මේ ගාථාව කිව්වා.

(3)

එම්බල කැටකිරිල්ල දැනගිය තී -
මං මරා දානවා තිගෙ පුංචි හැතිකරේ
අන්තිම අසරණ තී -
කුමක් කරන්ට ද මා හට
මගේ ළඟට ආවෝතින් -
තී වැනි ලක්ෂයක් වුනත්
මේ වම් පාදෙන් ඒ හැමෝම -
කුඩුපට්ටම් කරල දානවා

මෙහෙම කියපු තනි අලියා කැට කිරිල්ලී හඬා වැටෙද්දී වම් පාදෙන් ඇගේ පුංචි පැටවුන් ටික තලා දැවා. පයින් එහාට මෙහාට කරලා කුංචනාද කොට යන්ට ගියා. කැටකිරිල්ලි ගසක අත්තකට වෙලා හඬ හඬා මෙහෙම කිව්වා. "හරි... බොල... තක්කඩි අලියෝ... තෝ දැන් නාදකොරගෙන ගියාට දැනගිය මං තොට

කරන දේ. මං කරන දේ තොට වැඩි කල් නොයා දකින්ට ඇහැක් වේවි. තොගේ කාය බලයට වඩා මයෙ පුංචි මොළේ බලසම්පන්න බව තෝ දන්නෑ... හහ්... මං තොට ඒක දැනගන්ට සලස්සන්නම්" කියා අලියාට තර්ජනය කරමින් මේ ගාථාව පැවසුවා.

(4)

එම්බල චණ්ඩාල අලියෝ -
හැමතැනදි ම ඇගේ පතේ හයිය වැඩක් නෑ
හැමවිට අසත්පුරුෂයාගේ බලය -
අනුන්ට හිංසා පිණිස යි තියෙන්නේ
මයෙ අසරණ පැටව් මැරූ එකාට මං -
සෑහෙන විපතක් කරලයි නවතින්නේ

කැටකිරිල්ලී මෙහෙම කියලා ඉගිල ගිහින් තනි අලියාගෙන් පළිගන්ට උපායක් කල්පනා කළා. ටික දවසකට පස්සේ ඇ කපුටෙකුට උපස්ථාන කරන්ට ගියා. කපුටා හිතවත් වුනා.

"කැටකිරිල්ලී... තී බොහෝම හොඳ එකී. තිට මගෙන් මොනා ද කෙරෙන්ට ඕනෑ."

"අනේ ස්වාමී... මට එකම දෙයක් කොරලා දෙන්ට. මේ පැත්තේ කරක්ගහන තනි අලියෙක් ඉන්නවා. තමුන්නාන්සේගේ ඔය යකඩ උලක් වගේ තියෙන තියුණු හොටෙන් ඒකාගේ ඇස් දෙකට සිදුරුවෙන්ට කොටන්ට. මට එච්චරයි ඕනෑ."

"හා... මං ඒක කර දෙන්නම්."

ඊට පස්සේ කැටකිරිල්ලී ගොහින් එක්තරා නිලමැස්සියකුට හිතවත් වුනා. නිලමැස්සි කිරිල්ලිට ඕනෑ

ම දෙයක් කරන්ට ලේස්ති වුනාම කිරිල්ලී මෙහෙම කිව්වා. "අනේ මැස්සියේ, එක්තරා වලත්ත අලියෙක් ඉන්නවා. මං දැන් ඒකාගේ ඇස් දෙකට වැඩේ දෙන්ට භාර දීලයි තියෙන්නෙ. ඒකාගේ ඇස් දෙක බිඳපු ගමන් මං ඔහේට කියන්නං. ගිහිං ඒකාගේ ඇස් දෙකේ මැසි බිජු හලන්ට. එතකොට ඇස් දෙක කුණු වේවි. මට ඒ ඇති."

එතකොට මැස්සිත් ඒකට එකඟ වුනා. ඊට පස්සේ කැටකිරිල්ලී එක්තරා ගෙම්බෙක් එක්ක හිතවත් වුනා. දැන් ගෙම්බත් කිරිල්ලී වෙනුවෙන් ඕනෑම දෙයක් කරන්ට ලේස්තියි.

"අනේ මලණ්ඩ, උඹ මට එකම එක දෙයක් කරහං. මට ඒ ඇති. ඇස් දෙක ම අන්ධ වෙච්චි අලියෙක් පිපාසෙ හැදිලා එහාට මෙහාට දුවනකොට උඹ කන්දට ගොහිං හයියෙන් කෑ ගසාපං. එතකොට ඒකා වතුර තියෙන පොකුණක් ඇත කියා සිතා කන්දට නගීවි. එතකොට උඹ හනිකට පහළට පැනලා බෑවුමට ගොහින් ආයෙමත් කෑ ගසාපං. එච්චර ම යි මට උඹෙන් කෙරෙන්ට ඕනෑ."

"හරි... මං ලේස්තියි" කියා ගෙම්බා ප්‍රතිඥා දුන්නා.

දවසක් කපුටා ගොහින් තනි අලියාගේ ඇස් දෙක හොඳට සිදුරු වෙන්ට තුඩින් ඇන්නා. අලියා කෑ ගසනවා දැන්. එතකොට නිලමැස්සි ගොහින් දෑසට මැසි බිත්තර ලෑවා. තුවාල වුනු ඇස් දෙක කුණු වෙලා පණුවො ඉතිරුවා. වේදනාවෙන් හරිත වූ අලියා පිපාසයෙන් පැන් සොය සොයා ඒ මේ අත දිව්වා. එතකොට ගෙම්බා කන්දට ගොහින් කෑ ගැසුවා. කන්දේ වතුර ඇත කියා සිතා අලියා කන්දට නැග්ගා. එතකොට ගෙම්බා හනික පහළට බැහැලා අනතුරුදායක බෑවුම අයිනේ සිට හයියෙන් නාද

කළා. තනි අලියාට ඇස් නොපෙනෙන නිසා බෑවුම ගැන නොදැන වතුර සොයන්ට ප්‍රපාතයෙන් පහළට පෙරලී වැටී පර්වතය පාමුල මරණයට පත් වුනා. එතකොට කැටකිරිල්ලි පෙරලී තියෙන ඇත් කඳ උඩ නැගලා එහාට මෙහාට ඇවිද ඇවිද "මං දැන් මේ ඇවිදින්නේ මයේ සතුරාගේ පිට උඩ" කිය කියා හිනැහෙන්ට පටන්ගත්තා.

මේ කතාව වදාළ භාග්‍යවතුන් වහන්සේ මෙසේත් වදාළා. "මහණෙනි, කා එක්කවත් වෛර ඇති කරගන්න එක කොහෙත්ම නොකළ යුතු යි. බලන්ට මහණෙනි, එතරම් බලසම්පන්න මහා හස්තියාව කුඩා සත්තු සතර දෙනෙක් එකතු වෙලා මරණයට පත් කළා නොවැ" කියා මේ ගාථාව වදාළා.

(5)

බලන්ට මහණෙනි, මේ පුංචි සිව්දෙනා
- කපුට යි කැට කිරිල්ලිය යි
මැඩිය යි නිල මැස්සි යි එකතු වෙලා
- මහ බලවත් ඇතෙකුව මැරුවා
වෛර බඳින අයගේ ඒ වෛරයේ හැටි
- බලන්ට හොඳ හැටි
තමන්ට අප්‍රිය කෙනෙකුන් ගැන වුවත්
- කිසිදා වෛරය නම් ඇති කරගන්ට එපා

මහණෙනි, එදා තනි අලියා වෙලා සිටියේ දේවදත්ත. ඇත් රැලේ නායක ඇතා වෙලා සිටියේ මම" යි කියා භාග්‍යවතුන් වහන්සේ මේ ජාතකය නිමවා වදාළා.

08. චුල්ල ධම්මපාල ජාතකය

පියරජුගේ වධයට ලක් වූ චුල්ල ධර්මපාල කුමරුගේ කතාව

පින්වතුනේ, පින්වත් දරුවනේ,

වෛරය කියන්නේ හරීම පුදුම සහගත අකුසලයක්. ඇතැම් අයගේ සිත තුළ වෛරය ඇති වුනාම එයාටත් නොදැනීම ඒ වෛරය විසින් එයාව මෙහෙයවන්ට පටන් ගන්නවා. භයානක අකුසලයක් තමන් තුළ ක්‍රියාත්මක වෙනවා ය කියන කරුණ තේරුම් ගන්ට එයා දක්ෂ නොවුනොත් විනාශයි. දේවදත්තත් ඒ වාගේ කෙනෙක්. ඔහු තුළ තියෙන අනුකම්පා නැති ස්වභාවය, කර්කශ බව, සාහසික බව, කෝපය දුරු නොකරන බව ආදිය තමන් තුළ ඇති වෛරය ක්‍රියාත්මක වෙන්ට උදව් වෙනවා. එබඳු චරිත ස්වභාවයක් ඇති දේවදත්ත විසින් එක්තරා ආත්මයකදී අපගේ බෝධිසත්වයන්ව විනාශ කළ ආකාරය යි මේ කතාවෙන් කියැවෙන්නේ.

ඒ දිනවල අපගේ භාග්‍යවතුන් වහන්සේ වැඩ වාසය කොට වදාළේ සැවැත්නුවර ජේතවනයේ. ඔය කාලේ අපගේ භාග්‍යවතුන් වහන්සේට දේවදත්තගේ නොයෙකුත් බිහිසුණු අත්දැකීම්වලට මුහුණ දෙන්ට සිදු වුනා. මේ ගැන ශ්‍රාවක සඟ පිරිසත් මහා සංවේගයකින් සිටියේ.

දවසක් දම්සභා මණ්ඩපයට රැස්වූ භික්ෂූන් වහන්සේලා මේ ගැන කතා කරමින් සිටියා. "අනේ හරි පුදුමයි ඇවැත්නි, අපට නම් මෙහෙම දේවල් කරනවා තබා සිතන්නේවත් කොහොමෙයි කියා තේරෙන්නේ නෑ. දැන් බලන්ට, අපගේ භාග්‍යවතුන් වහන්සේව මරවන්ට භයානක උපායන් යෙදුවා. දුනුවායෝ යෙදෙව්වා. ඒක වැරදුනා. ඊට පස්සේ නාලාගිරි ඇත් රජාට හොඳටම බොන්ට දීලා කුලප්පු කරවා ඌ ලවා මරවන්ට හැදුවා. ඒකත් වැරදුනා. ඊට පස්සේ තමුන් ම ගිජ්ඣකූළ පව්වට නැගලා භාග්‍යවතුන් වහන්සේ පහළ සක්මනේ වැඩ ඉන්නැද්දි ගලක් පෙරලුවා. ඒකත් වැරදුනා. හප්පේ... මේ පුද්ගලයාගේ සිතේ පළිගැනීමේ අදහස ඉවරයක් වෙන්නෑනේ."

ඒ අවස්ථාවේ අපගේ භාග්‍යවතුන් වහන්සේ එතැනට වැඩම කොට වදාළා. භික්ෂූන් වහන්සේලා තමන් කතා කරමින් සිටි කරුණ භාග්‍යවතුන් වහන්සේට සැළකළා. භාග්‍යවතුන් වහන්සේ මෙසේ වදාළා.

"මහණෙනි, දේවදත්ත මගෙන් අද ඊයේ සිට පළිග න්නවා නොවෙයි. සසරේ පෙරත් බොහෝ වාර ගණන් පළිගනිමින් තමයි එන්නේ. හැබැයි මේ ආත්මේ නම් මා තුළ තැතිගැනීම් මාත්‍රයක්වත් උපදවන්ට ඔහුට පුළුවන් වුනේ නෑ. නමුත් ඉස්සර එක ආත්මෙක මං ධර්මපාල කුමාරයා කාලේ තමන්ගේ ම පුත්‍රයාව ඉපදිලා සිටිද්දී මාව මරවා 'කඩුමල් මාලය' කියලා වධයකුත් දුන්නා" කියා මේ අතීත කතාව ගෙනහැර දක්වා වදාළා.

"මහණෙනි, ගොඩාක් ඉස්සර කාලෙක බරණැස්පුරේ මහාප්‍රතාප කියලා රජ්ජුරු කෙනෙක්

රාජ්‍ය කරමින් සිටියා. ඔය රජ්ජුරුවන්ට චන්ද්‍රාදේවී කියා අගමෙහෙසියක් සිටියා. බෝධිසත්වයෝ ඒ චන්ද්‍රාදේවියගේ කුසෙහි පිළිසිඳ ගත්තා. ලස්සන සිඟිති කුමාරයෙක් මේ අගමෙහෙසියගේ කුසින් බිහි වුනා. මේ කුමාරයාට ධර්මපාල යන නම ලැබුනා.

මේ සිද්ධිය වෙනකොට ධර්මපාල කුමාරයාගේ වයස මාස හතයි. දවසක් මේ සිඟිති පුත් කුමාරයාව සුවඳ දියෙන් නහවා, ලස්සනට අලංකාර කළ චන්ද්‍රාදේවී කුමාරයාව ආදරයෙන් සුරතල් කරමින් ආසනේ වාඩි වී සිටියා. එතකොට මහාප්‍රතාප රජ්ජුරුවෝ හදිසියේ ම එතැනට ආවා. පුත් කුමාරයා සමඟ හිනැහෙමින් සෙල්ලම් කරමින් සිටි චන්ද්‍රාදේවියට කුමාරයා ගැන ම සිත යොමු වී සිටි නිසා රජු දැක්ක විට අසුනෙන් නැගී සිටින්ට අමතක වුනා.

මේ සුළු කරුණට මහාප්‍රතාප රජ්ජුරුවන්ට හොඳටෝම කේන්ති ගියා. මෙහෙම සිතන්ට පටන් ගත්තා. 'හහ්... මේකිගේ තියෙන මාන්නෙ. මේ කොලු පැංචෙක්ව ලොකු කරගෙන. මං ආවා ද කියලාවත් වගක් නෑ. එතකොට මේකි ඔය කොල්ලා ලොකුමහත් වෙච්චි කාලෙක මං මනුස්සයෙක් ද කියලාවත් හඳුනාගන්න එකක් නෑ. මේකට කල් අරින්ට හොඳ නෑ. ඔය කාලකණ්ණි යක්ෂ පැටියාව දැන් ම මරවා දමන්ට ඕනෑ' කියා තමන්ගේ ම පුතා ගැන සිතන්න පටන්ගත්තා.

රජ්ජුරුවෝ බිසොව ළඟට එන්ටයි ආවේ. එහෝම නැවතුනා. ආපසු හැරුනා. කෙළින් ම ගිහින් රාජාසනේ වාඩි වුනා. "කෝ... බොල... කෝ... වධකයාට ඉක්මනට එන්ට කියාපිය" කියා මහා හඬින් කෝපයෙන් ගිගුරුවා.

එතකොට වධකයා කහවතක් හැඳගෙන රතු රෙදිපටියකින් ගැට ගසා, හිසත් රතු රෙදි පොටකින් වෙලා, රතු මල් මාලාවක් පැළඳගෙන තියුණු කඩුවක් ඉනේ ගසාගෙන, අත් පා කපන කොටයත් පුද්ගලයන්ව තබා කොටන ලෑල්ලත් අරගෙන ආවා. ඇවිත් රජ්ජුරුවන්ට වන්දනා කළා. "දේවයන් වහන්ස, කුමක්ද කෙරෙන්ට ඕනෑ?" කියා ඇසුවා.

එතකොට රතු වී ගිය ලොකු කරගත් ඇස් ගෙඩි දෙකින් යුතු රජ්ජුරුවෝ "පල... දැන් ම දේවිය ඉන්නා සිරියහන් ගබඩාවට ගිහින් ධර්මපාලයාව අරගෙන වර" කියා අණ කළා. රජ්ජුරුවෝ යහන් ගබඩාවට ඇවිත් තමන් දිහාත් කුමාරයා දිහාත් බිහිසුණු පෙනුමකින් රවා බලා හනික හැරී ගිය නිසා දේවියට තේරුනා රජ්ජුරුවෝ කෝපයට පත් වූ වග. දේවියත් බෝධිසත්වයන්ව පපුවට තුරුලු කරගෙන හඬ හඬා වාඩි වෙලා සිටියා.

රාජ අණ ලත් වධකයා කෙලින් ම දේවියගේ සිරි යහන් ගබඩාවට ආවා. ඇවිත් දේවියගේ පිටට අතින් පහර දී කුමාරයා දේවියගේ අතින් ඇදලා ගත්තා. අරගෙන රජ්ජුරුවෝ ළඟට ගෙනාවා. චන්ද්‍රාදේවියත් වධකයාගේ පිටුපසින් හඬා වැලපි වැලපී දුවගෙන ආවා. කෝපාග්නියෙන් දිලිසෙමින් සිටි මහාප්‍රතාප රජ්ජුරුවෝ මෙහෙම කිව්වා. "හරි... දැන් ඔය එක් පලකයක් බිම අතුරා ඒ මතට ඕකාව ඇදලා දාපිය."

එතකොට වධකයා ලෑල්ල මතට සත්මසක් වයසැති බෝධිසත්ව කුමාරයාව ඇදලා දැම්මා. කුමාරයාට මොකක් නමුත් කලබලයක් ඇති වී තියෙන බව තේරුනා. කිසිම හැලහොල්මනක් නැතිව සිටියා. තමන්ට හානියක්

කරන්ට හදන බවත් තේරුනා. කුමාරයා හැඬුවේ නෑ. ඉවසීමත් මෙත් සිතත් ඇති කරගෙන නිශ්ශබ්දව සිටියා.

වධකයා "දේවයන් වහන්ස, දැන් මොකක්ද කරන්නේ?" කියා ඇසුවා. "දැන් වෙන මක්කොරන්ටෙයි... තෝ ඔය ධර්මපාලයාගේ අත් කපාපිය." එතකොට චන්ද්‍රා දේවිය විලාප තියාගෙන මෙහෙම කිව්වා. "අනේ මගේ මහරජ්ජුරුවන් වහන්ස, මගේ කිරිකැටියාට තාම හත්මාසයයි. අනේ මේ සිඟිත්තා මොකෝවත් දන්නේ නෑ දෙයියෝ... මේ කිරිකැටියාගේ වරදක් නෑ මයෙ දෙයියෝ... මගේ ම යි වරද. මට ම යි වැරැද්ද වුනේ. අනේ පුංචි පුතා බේරලා අනේ මගේ මේ අත් දෙක කපා දාන්ට..." කියා දෑත ඉදිරියට දිගු කරගෙන බිසොව මේ පළමු ගාථාව කිව්වා.

(1)

අනේ දේවයන් වහන්ස
- මහා ප්‍රතාප නිරිඳුන් හට
වැරැද්ද සිදු වුනේ මගේ අතින් ම යි
- අයියෝ මට නැගිටගන්ට බැරි වුනා
රජුගේ දියුණුව නැසුනේ මගේ අතින් ම යි
- අනේ මේ ධර්මපාල නිදහස් කරලා
මේ මගේ දෑත කපා දමන්ට
- නිරිඳුනි මගේ දෑත කපා දමන්ට

එතකොට දෑස් ලොකු කරගෙන තරහෙන් දිලිහී ගිය රජු වධකයා දෙස බැලුවා. "දේවයන් වහන්ස, මොකක්ද කෙරෙන්ට ඕනෑ?" "හ්ම්... මොනවාද තවත් බලා ඉන්නේ. ඔය බිම දාලා ඉන්න එකාගේ කපාපිය අත් දෙක." වධකයා තියුණු පොරව ගෙන කුමාරයාගේ ළා

උණ ගොබ වගේ තියෙන සිඟිති අත් දෙක කපා වෙන් කළා. අත් දෙක ම කපා වෙන් කළා කියලා බෝධිසත්වයෝ හැඬුවේ නෑ. කෑ ගැසුවේ නෑ. තදබල ඉවසීමෙනුත් මෙත් සිතිනුත් යුතුව දැඩි සිතින් සිටියා. නමුත් චන්ද්‍රා දේවිය විලාප තියාගෙන එතැනට පැනලා සිඟිත්තාගේ ලේ විදින අත් දෙක අරගෙන පපුවට තියාගෙන තුරුළු කරගෙන වැලපුනා.

වධකයා ආයෙත් රජ්ජුරුවෝ දිහා බැලුවා. "දේවයන් වහන්ස, දැන් මොකද කරන්නේ?" කියලා ඇසුවා. "හරි... දැන් ඕකාගේ කකුල් දෙක කපාපිය" කියලා රජ්ජුරුවෝ අණ කළා. එතකොට ම චන්ද්‍රාදේවී ආයෙමත් හඬාගෙන මේ දෙවෙනි ගාථාව කීවා.

(2)

අනේ දේවයන් වහන්ස
- මහා ප්‍රතාප නිරිඳුන්හට
වැරැද්ද සිදු වුනේ මගේ අතින් ම යි
- අයියෝ මට නැගිටගන්ට බැරි වුනා
රජුගේ දියුණුව නැසුනේ මගේ අතින් ම යි
- අනේ මේ ධර්මපාල නිදහස් කරලා
මේ මගේ දෙපා කපා දමන්ට
- නිරිඳුනි මගේ දෙපා කපා දමන්ට

වධකයා ආයෙමත් රජ්ජුරුවෝ දිහා බැලුවා. "ඇයි... බලන්ට දෙයක් නෑ. කපාපිය ඕකගේ කකුල් දෙක." එතකොට වධකයා තියුණු පොරොවෙන් සිඟිති කුමාරයාගේ කකුල් දෙකට කොටා වෙන් කළා. චන්ද්‍රාදේවිය පැනපු ගමන් හඬ හඬා ඒ කකුල් දෙකත් තුරුළු කරගෙන රජ්ජුරුවන්ට මෙහෙම කිව්වා. "අනේ

මගේ ස්වාමීනී, මහා ප්‍රතාප රජුනී, අත් පා නැති වුනත් දරුවන්ව මැණියෝ ආදරයෙන් හදාවඩා ගන්නවා. අනේ මටත් මයෙ පුත් කුමාරයාව අතපය නැති වුනාට කුලී වැඩක් කරලා හරි හදාගන්ට පුළුවන්. අනේ මට ඔහෝම හරි කමක් නෑ, මයෙ පුතාව දෙන්ට මයෙ දෙයියෝ."

ඊළඟට වධකයා මෙහෙම කිව්වා. "දේවයන් වහන්ස, මං රජ අණ ඉටු කරලා මගේ කටයුතු අවසන් කළා."

"නෑ... තොපගේ කටයුතු තවම අවසන් නෑ."

"දේවයන් වහන්ස, තව මොනාද කෙරෙන්ට ඕනෑ?"

"ඇයි... දැන් අරකාගේ හිසත් වෙන් කරන්ට ඕනෑ." එතකොට චන්ද්‍රා දේවිය හඬ හඬා මේ ගාථාව පැවසුවා.

(3)

අනේ දේවයන් වහන්ස,
- මහා ප්‍රතාප නිරිඳුන් හට
වැරැද්ද සිදු වුනේ මගේ අතින් ම යි
- අයියෝ මට නැගිටින්ට බැරි වුනා
රජුගේ දියුණුව නැසුනේ මගේ අතින් ම යි
- අනේ මේ ධර්මපාල නිදහස් කරලා
මේ මගේ බෙල්ල කපා දමන්ට
- නිරිඳුනි මගේ බෙල්ල කපා දමන්ට

කියලා දේවිය ගිහින් වධකයාට සිය හිස පාත් කළා. "දේවයන් වහන්ස, මොකක්ද කෙරෙන්ට ඕනෑ?" "ඔව්... අරකාගේ හිස ගසා දමාපිය." එතකොට වධකයා සිඟිත්තාගේ හිස කඩින් වෙන් කළා. "දේවයන් වහන්ස, මං රාජ අණ සම්පූර්ණ කළා." "නෑ තව තියෙනවා."

"මොකක්ද දේවයන් වහන්ස, ඊළඟට කෙරෙන්ට ඕනෑ?"
"දැන් ඔය කඩු තුඩ මුදුනට අරකාගේ කඳ අමුණාපං. අමුණා හිට උඩ ඔසොවා කරකවාපං. ඕකට කියන්නේ 'කඩුමල්මාලය' කියලා. ආං ඒක කරාපිය."

වධකයා කඩු තුඩට අත්, පා, හිස නැති සිඟිති කඳ අමුණා ගත්තා. කරකවන්ට පටන් ගත්තා. වටේට ලේ විද්දා. කඳ කෑල්ල ලෙලි ගැසී පොළොවේ වැටුනා. චන්ද්‍රා දේවී සිඟිත්තාගේ අත් දෙකයි, පා දෙකයි, හිසයි, කඩුවෙන් කැපී ගිය ඇඟ මස් ටිකයි උකුලේ තියාගෙන පොළොවේ හැපුනා. මේ ගාථාවන් කීවා.

(4)

තමන්ගේ ම ලෙයින් උපන් සිඟිත්තාව
- මරන්ට එපා කියා අපගේ රජුට කියන්ට
අයියෝ කව්රුවත් ම නැති වුනා
- අපගේ රජුට මිතුරු යාළුවෝ
ඇමතිවරුත්, නෑදෑයෝ, හිතවත් කවුරුත්
- හිටියෙ නැත්තෙ ඇයි ද දෙවියනේ

(5)

තමන්ගේ ම පුත්‍රයාව -
මරන්ට එපා කියා අපගේ රජුට කියන්ට
අයියෝ කව්රුවත් ම නැති වුනා -
අපගේ රජුට මිතුරු යාළුවෝ
ඇමතිවරුත්, නෑදෑයෝ, හිතවත් කවුරුත් -
හිටියෙ නැත්තෙ ඇයි ද දෙවියනේ

මෙහෙම කියා චන්ද්‍රා දේවිය සිඟිත්තාගේ එළියට පැන තිබූ හදවත දෝතට ගෙන හඬ හඬා මේ ගාථාව පැවසුවා.

(6). අනේ මේ පොළොවේ හිමිකාරයාට
- වුන දේ දෙවියනේ
මගේ ධර්මපාල කුමාරයාගේ
- සඳුන් කල්ක ගල්වා තිබුනු
සිඟිති අත් පා හිස
- අයියෝ වෙන් වෙලා ගියා
අනේ දේවයිනේ මගේ
- පණ නිරුද්ධ වෙනවා

මෙහෙම හඬා වැලපි වැලපී සිටිද්දී උණගසක් සෙලවෙනවා වගේ සෙලවී චන්ද්‍රාදේවියගේ හදවත පැලී එතැන ම ජීවිතක්ෂයට පත් වුනා. රජ්ජුරුවන්ට රාජාසනේ ඉන්ට බැරිව ගියා. මහාපොළොවට ඇද වැටුනා. එතැන ම මහපොළෝ තලය දෙකඩ වී ගියා. යොදුන් දෙලක්ෂ හතළිස් දහසක් ඝණකඩ මේ මහා බොල් පොළොව මේ අසත්පුරුෂයාගේ අගුණ උසුලාගන්ට බැරිව දෙකට බිඳී සැදුනු විවරයෙන් රජ්ජුරුවෝ පොළොව ඇතුළට කිඳා බැස්සා. කුලසන්තකව ලැබෙන රත් පලසකින් ඇඟ වෙලී යන සේ අවීචි මහා නිරයෙන් මතු වී ආ ගිනි දැල්වලින් ඔහු වෙලී ගියා. අවීචි මහා නරකාදියේ උපන්නා. ඇමතිවරු හඬ හඬා චන්ද්‍රා දේවියගේත් බෝධිසත්වයන්ගේත් සිරුරු ආදාහනය කළා.

මහණෙනි, එදා මහාප්‍රතාප රජුව සිටියේ දේවදත්ත. චන්ද්‍රා දේවිය වෙලා සිටියේ මහා ප්‍රජාපතී ගෝතමී. ධර්මපාල කුමාරයාව සිටියේ මම” යි කියා භාග්‍යවතුන් වහන්සේ මේ ජාතකය නිමවා වදාළා.

09. සුවණ්ණමිග ජාතකය

මුව දෙන දිවි පුදා රන් මුවා බේරාගත් කතාව

පින්වතුනේ, පින්වත් දරුවනේ,

හරි විදිහට ගුණධර්ම තියෙන එක්කෙනෙක් යම් තැනක වාසය කළොත් ඒ කෙනාගේ ඇසුර නිසා සියලු දෙනාට ම සෙත සැලසෙනවා. මෙය එබඳු කතාවක්.

ඒ දිනවල අපගේ ශාස්තෲන් වහන්සේ වැඩ වාසය කොට වදාළේ සැවැත්නුවර ජේතවනයේ. ඔය කාලේ අපගේ දෑගසව්වන් වහන්සේලාට උපස්ථාන කරන එක්තරා නිවසක ඉතාමත් සැදැහැවත් දියණියක් සිටියා. ඈය තුනුරුවන්ට දිවි පුදා, ඉතාමත් සිල්වත්ව, නුවණැතිව දානාදී පින්කම්වල නිතර යෙදෙමින් වාසය කළේ. සැවැත් නුවර වෙනත් මිසදිටු පවුලක දෙමාපියෝ තමන්ගේ පුතුට කසාද බන්දා දීමට ඈය සුදුසු බවට යෝජනාවක් ගෙනාවා. එතකොට ඈගේ දෙමාපියෝ මෙහෙම කිව්වා.

"අනේ අපිට හරි කණගාටුයි. මේ මඟුල කෙරෙන්ට ඉඩක් නෑ නොවැ. අපේ දූ ගොඩාක් සැදැහැවත්. තුනුරුවන්ට පණ දීලා ඉන්නේ. දානාදී පින්කම් කරන්ට යි ආසා. ඉතින් ඔයාලාගේ පවුලට අපේ දරුවා දුන්නොත්, ඔයාලා මිසදිටු නිසා මේ දරුවාට නිදහසේ දානාදී පිංකම්

කරන්ට බැරිව යාවි. සිල් සමාදන් වෙන්ට, බණ අහන්ට යන්ට බැරිව යාවි. ඒ නිසා ඔයාලා තමන්ට ගැලපෙන මිසදිටු පවුලකින් ම ගෑණු ළමයෙක් සොයා ගත්තා නං නේද හොඳ?"

"අනේ එහෙම කියන්ට එපා. ඔයාලාගේ දූ ගැන අපිත් සොයා බැලුවා. ඔයාලා කී හැම දෙයක් ම ඇත්ත. අපටත් ඕනෑ ඔය වගේ ගතිගුණ හොඳ දරුවෙක් තමා. ඔයාලාගේ දුවට අපිත් තමන් කැමැති විදිහට දන් පුදාගෙන, සිල් රැකගෙන, බණ අසාගෙන ඉන්ට නිදහස දෙනවා. අනේ අපි මේ මංගල්ලෙ කොහොම හරි කරමු." එතකොට ඒ ගෙදර අයත් කැමති වුනා. ඊට පස්සේ දෙපැත්තේ උදවිය එකතු වෙලා මංගල්ලය සිදු කළා. අර දියණිය සිය සැමියාගේ නිවසට පදිංචියට ආවා. ඈ ඉතාමත් වැදගත් චරිතවත් බිරිඳක් ලෙස හැසිරුනා. ස්වාමියාට ඉතාම බැතිමත්ව සිටියා. නැන්දාටත් මාමාටත් තමන්ගේ දෙමාපියන්ට වගේ ම ආදරයෙන් සැලකුවා.

දවසක් ඈ ස්වාමියාට යෝජනාවක් කළා. "අනේ ආර්යපුත්‍රය, මං හරී ආසයි අපගේ පින්වත් ස්වාමීන් වහන්සේලා වඩමවාගෙන දානයක් පූජා කරන්ට." "බොහෝම හොඳා සොඳුරී, ඔයා කැමති විදිහට දානේ දෙන්ට" කිව්වා. ඇයට හිතේ හැටියට දානමය පිංකම කරන්ට ඉඩ දුන්නා. එතකොට ඈ මහතෙරුන්නාන්සේලා වඩමවාගෙන දානේ පූජා කරගෙන මෙහෙම කිව්වා. "ස්වාමීනී... මේ ගෙදර අය මිසදිටුයි. දැන් බලන්ට මට දානෙ දෙන්ට උදව් කළාට මෙයාලා සහභාගී වුනේ නෑනේ. අනේ ස්වාමීනී, මෙයාලා තිසරණේ පිහිටනකල් මෙහෙන් ම දානෙ ගන්ට ස්වාමීනී" කියා ඇය ආරාධනා කළා. එතකොට තෙරුන්නාන්සේලා ඇගේ ඇරයුම පිළිගත්තා.

දැන් ඒ නිවසේ දිනපතා සංඝයා දන් වළඳිනවා.

ඇය සැමියාට මෙහෙම කිව්වා. "අනේ මෙයා... ඔයා අද අපගේ ස්වාමීන් වහන්සේලා දන් වළඳිනවා බලන්ට එනවා නේද?" "හරි සොඳුරී, මං එනවා." එදා භික්ෂූන් වහන්සේලා දානෙට වැඩියා. ඒ වැඩිය භික්ෂූන් සමඟ මේ තරුණ සැමියා කතාවට වැටුනා. ඒ අවස්ථාවේ අපගේ ධර්මසේනාධිපතීන් වහන්සේ ධර්ම කතාව කළා. එතකොට මේ තරුණ සැමියා අපගේ සාරිපුත්තයන් වහන්සේගේ දහම් කතාවට යි, සුන්දර ආකාරයෙන් ඉරියව් පවත්වනවා දැකීමට යි දෙකට ම ආසා කළා. එදා පටන් එයා තමයි තෙරුන්නාන්සේලාට ආසන පනවන්නේ. පැන් පිළියෙල කරන්නේ. ටිකෙන් ටික බණ අසන්ට හුරු වීමෙන් මොහු ළඟ තිබූ මිසදිටු අදහස් නැතිව ගියා.

දවසක් අපගේ ධර්මසේනාධිපතීන් වහන්සේ චතුරාර්ය සත්‍ය ධර්මය වදාළ වේලේ මේ යොවුන් බිරිඳයි සැමියයි දෙන්නා ම සෝවාන් ඵලයට පත් වුනා. ටිකෙන් ටික දෙමාපියොත් ධර්මයට යොමු වුනා. වැඩ කරන සේවකකාරකාදී හැමෝම ධර්මයට යොමු වුනා. සියලු දෙනා ම තුනුරුවන්ට දිවි පුදා වාසය කරන පවුලක් බවට පත් වුනා.

දවසක් ඒ යොවුන් බිරිඳ සැමියාට මෙහෙම කිව්වා. "අනේ මෙයා... මාත් හරීම ආසයි මේ ධර්මය තවත් වැඩිපුර පුරුදු කරගන්ට. හැබැයි ඉතිං පැවිදි වුනොත් තමා වැඩේ ඉක්මන්. මං පැවිදි වෙන්ට ආසයි අනේ. මං පැවිදි වෙනවාට ඔයා කැමති ද?"

"සොඳුරී... මේ ධර්මය දියුණු කරන්ට මීටත් වඩා ක්ෂණසම්පත්තියක් තවත් කොයින් ද. ඔයා පැවිදි වෙනවා

නම් මාත් පැවිදි වෙනවා."

ඊට පස්සේ අර දියණිය මෙහෙණවරට ගොහින් භික්ෂුණියක් වුනා. පුත්‍රයා ශාස්තෘන් වහන්සේ ළඟට ගිහින් පැවිදි බව ඉල්ලා සිටියා. භාග්‍යවතුන් වහන්සේ ඔහුව පැවිදි කොට උපසම්පදා කළා. වැඩිකල් ගියේ නෑ. ඒ භික්ෂුණියත් රහත් ඵලයට පත් වුනා. භික්ෂුවත් රහත් ඵලයට පත් වුනා.

දම්සභා මණ්ඩපයේ රැස්වූ භික්ෂූන් වහන්සේලා මේ ගැන කතා කරමින් සිටියා. "බලන්ට ඇවැත්නි, හරි අසිරිමත් නේද? අසවල් යොවුන් භික්ෂුණිය, ගිහි කාලේ මුළු පවුලක් ම තිසරණයට ගත්තා. ඊට පස්සේ සැමියාත් කැමති කරවාගෙන දෙන්නා ම පැවිදි වුනා. දෙන්නා ම උත්තම වූ අග්‍ර ඵලය වූ අරහත්වයට පත් වුනා. හරිම අගෙයි." ඒ අවස්ථාවේ අපගේ භාග්‍යවතුන් වහන්සේ එතැනට වැඩම කොට වදාළා. භික්ෂූන් වහන්සේලා තමන් කතා කරමින් සිටි කරුණ භාග්‍යවතුන් වහන්සේට සැලකළා. භාග්‍යවතුන් වහන්සේ මෙසේ වදාළා. "මහණෙනි, ඔය භික්ෂුණිය මේ ආත්මයේ තමන්ගේ ස්වාමියාව රාගය නමැති බිහිසුණු තොණ්ඩුවෙන් නිදහස් කළා. කලින් ආත්මෙක මැය පුරාණ පණ්ඩිතයන්ව භයානක මළපුඩුවකින් ගලවාගෙන තියෙනවා" කියා මේ අතීත කතාව ගෙනහැර දක්වා වදාළා.

"මහණෙනි, ගොඩාක් ඉස්සර කාලෙක බරණැස් පුරේ බ්‍රහ්මදත්ත නම් රජ්ජුරු කෙනෙක් රාජ්‍ය විචාරමින් සිටියා. ඔය කාලේ මහාබෝධිසත්වයෝ මුව යෝනියේ උපන්නා. ඒ මුවා තරුණ වයසට එද්දී හරිම ලස්සන, හැඩකාර, දුටු දුටුවන් පහදවන දර්ශනීය පෙනුමකින් යුතු

වුණා. හරියටම ඔපමට්ටම් කොට තැනූ රුවක් වගේ රන්වන් පාටින් බැබලුනා. ඉදිරිපස පාදයන් මනාලෙස පිහිටා තිබුනා. රිදී දමක් වගේ අං තට්ටුව දිලිසුනා. මැණික් ගුලි දෙකක් වගේ ලොකු දෑස් දිලිසුනා. බලන්ට බැරිතරම් ලස්සන. මේ මුවාගේ බිරිඳ වූ මුව දෙනත් ඒ මුවාට ම ගැලපෙන හැඩකාරියක්. මේ දෙන්නා එකිනෙකා කෙරෙහි මහත් ස්නේහයෙන් වාසය කළා. අසූ දහසක ලස්සන මුව රංචුවක් සුවර්ණ මුවරාජයාට උපස්ථාන කළා.

ඔය කාලේ මුවවැද්දෙක් මුවන් අල්ලන්ට වනාන්තරේ මළපුඩු අටවනවා. ඒ නිසා ගොඩාක් මුවන් මළා. දවසක් බෝධිසත්වයෝ මුවන් පෙරටුකොට යද්දී පාදයක් මළපුඩුවකට හසුවුනා. ඒක කඩාගන්ට සිතා කකුල හයියෙන් ඇද්දා. එතකොට සම කැපී ගියා. ආයිත් වේගයෙන් ඇද්දා. එතකොට මසුත් කැපී ගියා. නහරවැලුත් කැපී ගියා. මළපුඩුව ගිහින් කකුල් ඇටේ වැදී සිරවුනා. එතකොට මළපුඩුව සිඳගන්ට බැරි වූ බෝධිසත්වයෝ මරණ භයින් තැතිගෙන බැගෑ හඬින් කෑ ගැසුවා. ඒ හඬ ඇසූ සියලු මුවෝ භීතියට පත්වෙලා පලා ගියා. මුවදෙන පලා ගිහින් බැලුවා තමන්ගේ ස්වාමි මුවා මුව රංචුවේ ඉන්නවා ද කියා. පේන්ට නෑ. "අයියෝ... මේ විපත වෙලා තියෙන්නේ එහෙනම් මගේ ප්‍රියාදර ස්වාමියාට ද?" කියා ඈ වේගයෙන් ආපසු දුවගෙන ආවා. මළපුඩුවට සිර වී සිටින මුවා ළඟට ඇවිත් කඳුළු පෙරාගෙන හඬ හඬා මෙහෙම කිව්වා.

"අනේ ස්වාමී... ඔයාට ගොඩාක් ශරීර සවිශක්තිය තියෙනවා නොවැ. ඇයි වේගයෙන් ඇදලා ඔය මළපුඩුව කඩාගෙන යන්නැත්තේ? ඕක සිඳින්ට කෝ. වීරිය ගන්ටකෝ" කියා ඈ මේ පළමු ගාථාව පැවසුවා.

(1). අනේ මගේ මහා මුව රජෝ
- ගන්ටකො වීරිය තදින් ම
රන් පා ඇති මුව රජෝ
- ගන්ටකො වීරිය තදින් ම
මළ පුඩුවේ ඇති වරපට
- සිඳින්ටකො අනේ හනිකට
ඔයා නැතිව මං කොහොමෙයි
- මේ වනයේ තනිව ඉන්නෙ
එහෙනම් මාත් කෑම බීම නොගෙන
- මැරිලා යනවා

එතකොට මුවා ඊට පිළිතුරු වශයෙන් මේ ගාථාව පැවසුවා.

(2). මාත් ගොඩාක් වීරිය ගන්නවා
- කෝ මේ වරපට සිඳින්ට බෑනේ
හයියෙන් පොළොවට පයින් පහර දෙනවා
- ඒත් මේ වරපට හරිම තදයි
හයියෙන් මං පය අදින නිසා
- මගේ පාදය කැපි කැපි යනවා

බෝධිසත්වයන්ගේ මේ වචන ඇසූ මුව දෙන මෙහෙම කිව්වා. "ස්වාමී... හය ගන්ට කාරි නෑ. බලන්ට, මං කොහෝමහරි වෑයම් කරලා වැද්දාගෙන් බැගෑපත්ව ඉල්ලා ඔයාගේ ජීවිතේ බේරගන්නවා ම යි. ඉදින් මං ඉල්ලා සිටිද්දිත් කරගන්ට බැරි වුනොත් මං මගේ පණ දීලා හරි ඔයාව බේරගන්නවා, බේරගන්නවා ම යි" කියලා අස්වසා ලේ තැවරුනු බෝධිසත්වයන්ට ළං වෙලා හිටියා.

එතකොට වැද්දා කඩුවයි, ආයුධයි අරගෙන කල්පාග්නියක් වගේ කඩා පැනගෙන ආවා. "ආං

වැද්දා එනවා... ඉන්ට... මං මට පුළුවන් සෑම දේ ම කරනවා. ඔයා භය නොවී ඉන්ට" කියලා වැද්දා ළඟට ගියා. ආයෙම පස්සට ගිහින් එකත්පස්ව සිට වැද්දාට වැන්දා. වැඳලා මෙහෙම කිව්වා. "ස්වාමී... මේ ඉන්නේ මගේ ස්වාමියා. රන්මුවා, අසූදහසක මුවන්ගේ රාජයා. මෙයා හරී ගුණවන්තයි. හැමෝම ගැන සොයා බලනවා. ඉවසිලිවන්තයි. අනේ මෙයාව නිදහස් කරලා ඒ වෙනුවට මාව මරන්ට" කියා මේ ගාථාව පැවසුවා.

(3). අනේ වැද්දාණෙනි එහෙනම්
- මස් තබනා කොළ බිම එලන්ට
කඩුවත් කොපුවෙන් ගන්ටකො
- පළමුව මාව මරා දමන්ට
එතකොට මට මෙය පෙනෙන්නෙ නෑනේ
- ඊට පස්සෙ මුව රජා මරන්ට

මුවදෙනගේ වචනය ඇසූ වැද්දා මහා පුදුමයකට පත්ව මුව දෙන දිහා බලාගෙන මෙහෙම සිතුවා. "හෑ... මොනවා... මනුස්සයන් අතරවත් තමන්ගේ සැමියාව බේරාගන්ට දිවි පුදන ගෑණු නැහැ නොවැ. මේං ඒකට... මේ ලස්සන මුවැත්ති තමන්ගේ සැමියා වෙනුවෙන් දිවිපුදා, මනුස්ස භාෂාවෙන් මධුර ස්වරයෙන් දොඩනවා නොවැ. අද මං මෙයාටත් ජීවිතය දෙනවා. මෙයාගේ ස්වාමියාටත් ජීවිතය දෙනවා" කියා මහා සතුටින් මේ ගාථාව කිව්වා.

(4)

හරි පුදුමයි මට හරි පුදුමයි
- මෙතුවක් කල් මං අහපු දැකපු නැති දෙයක්
මිනිස් බසින් දොඩනා මේ මුවැත්තී

- සොඳුරී සුවපත් වෙන්න ඔයා
මේ මුවරජා ද සුවපත් වේවා
- ඔය දෙන්නා දුක් නැත්තෝ වෙත්වා

මේ ගාථාව පැවසූ වැද්දා මෙහෙම කිව්වා. "අනේ මට නම් අදහාගන්ට බෑ මේ මුවැත්තිගේ ගුණ ගැන. ඔයාලා දෙන්නා ම සැපවත් වෙත්වා. නිදුක් වෙත්වා කියලා මං සෙත් පතනවා" කියලා ඉක්මනින් ම බෝධිසත්වයන්ගේ කකුලේ ඇටය දක්වා සිර වී තිබුනු මළපුඩුවරපට සිඳ දැම්මා. මළපුඩුව ඉක්මනින් ඉවත් කළා. ඊට පස්සේ නහර නහර යා කරලා, මසට මස යා කරලා සමට සම යා කරලා බෝධිසත්වයන්ගේ පාදය අතින් පිරිමැද්දා විතරයි මහා අසිරිමත් දෙයක් වුනා. බෝධිසත්වයන්ගේ පුරන ලද පාරමිතානුභාවයෙන්, වැද්දාගේ මෙත් සිතේ ආනුභාවයෙන්, මුවැත්තිගේ මෛත්‍රී ගුණානුභාවයෙන් ඒ පාදයේ නහර මස් සම එකට පෑස්සිලා ගියා. තුවාලයක් නොවුනා සේ බෝධිසත්වයෝ සුවපත් වෙලා නැගී සිටියා. මුවැත්තී නිම්හිම් නැති සතුටින් උඩපැන්නා. වැද්දාට පින් දිදී මේ ගාථාව පැවසුවා.

(5)

අනේ අපේ වැද්දාණෙනි -
මළපුඩුවෙන් නිදහස් වූ මාගේ මුව රාජයා
දකිනා විට නිම්හිම් නැති -
සතුටක් උපදී මා තුළ
මා විඳිනා සතුට ලෙසින් ඔබත් -
සියලු නෑයන් හා එක් වී සතුට ලබත්වා

එතකොට බෝධිසත්වයෝ මෙහෙම සිතුවා. 'මේ වැද්දා ගොඩාක් ලොකු උපකාරයක් කළේ. මාත් මෙයාට

පෙරළා උපකාරයක් කරන්ට වටිනවා' කියා සිතා වැද්දාට මෙහෙම කිව්වා. "මිත්‍රයා... මාත් ඔයාට ලොකු තෑග්ගක් දෙන්ට සිතුවා. එන්ටකෝ මාත් එක්ක යන්ට" කියා තමන් ගොදුරු කන තැන තිබූ විශාල මැණිකක් වැද්දාට පෙන්නුවා. "මිත්‍රයා, දැන් ඔයාට මේ සත්තු මරාගෙන ජීවත් වෙන්ට ඕනෑ නෑ. මෙය විකුණා දරුමල්ලොත් එක්ක සතුටින් කා බී, දන් පින් කරගෙන, සිල් රැකගෙන ඉන්ට පුළුවනි" කියා දෙන්නා ම වනයට ගියා. එදා වැද්දා වෙලා සිටියේ අපගේ ඡන්න.

මහණෙනි, රන්මුවාව මළපුඩුවෙන් බේරාගත්තේ ඔය යොවුන් භික්ෂුණිය ම තමයි. රන්වන් මුව රාජයාව සිටියේ මම" ය කියා භාග්‍යවතුන් වහන්සේ මේ ජාතකය නිමවා වදාළා.

10. සුසන්ධි ජාතකය
සුසන්ධි බිසොවගේ කතාව

පින්වතුනේ, පින්වත් දරුවනේ,

නිකෙලෙස් මාර්ගයක ගමන් කිරීමේ ආසාවෙන් පැවිදි වී සිටින භික්ෂුවට හානි කරන්නේ ම මේ කෙලෙස් අරමුණු තමා. එතකොට කලණමිතුරන්ගේ උපකාරයෙනුයි ඔහුට රැකවල් ලැබෙන්නේ. මෙයත් එබඳු කතාවක්.

ඒ දිනවල අපගේ භාග්‍යවතුන් වහන්සේ වැඩ වාසය කොට වදාළේ සැවැත්නුවර ජේතවනයේ. ඔය කාලේ සැවැත්නුවර වාසය කළ එක්තරා භික්ෂුවක් අරතියෙන් පීඩා විඳිමින් සිට සිවුරු හැර යාමේ අදහසින් තමන්ගේ ආචාර්ය - උපාධ්‍යායන් වහන්සේලාට සැළ කොට සිටියා. එතකොට උන්වහන්සේලා මේ භික්ෂුව භාග්‍යවතුන් වහන්සේ වෙත කැඳවාගෙන ගියා. භාග්‍යවතුන් වහන්සේ ඒ භික්ෂුවගෙන් අරතිය ඇති වී සිවුරු හැර යන්ට සිතුනේ ඇයි කියා අසා වදාළා. එතකොට ඒ භික්ෂුව කියා සිටියේ තමන්ට පිඬු සිඟා යන අතරමග අලංකාර ලෙස හැඳපැළඳගත් ස්ත්‍රියක් දකින්ට ලැබීමෙන් සිත වෙනස් වූ බවයි. එතකොට භාග්‍යවතුන් වහන්සේ මෙසේ වදාළා.

"භික්ෂුව, ස්ත්‍රිය කියන්නේ රැකවල් දාලා පරිස්සම් කරන්ට බැරි චරිතයක්. ඉස්සර හිටිය පණ්ඩිතයෝ ගුරුළු

භවනේ රැකවල් දමාගෙන ස්ත්‍රියක් පරිස්සම් කොරන්ට මහන්සි ගත්තත් ඒත් බැරි වුණා."

"අනේ ස්වාමීනී, පුරාණ පණ්ඩිතවරුන්ට ගුරුළු භවනේ සඟවාගෙනත් ස්ත්‍රීන් රැකගන්ට බැරි වූ කතාව මට කියාදෙන සේක්වා" කියා ඒ භික්ෂුව භාග්‍යවතුන් වහන්සේගෙන් ඉල්ලා සිටියා. භාග්‍යවතුන් වහන්සේ මේ අතීත කතාව ගෙනහැර දක්වා වදාළා.

"භික්ෂුව, ගොඩාක් ඉස්සර කාලෙක බරණැස්පුරේ තම්බ නමින් රජ්ජුරු කෙනෙක් රාජ්‍ය විචාරමින් සිටියා. ඔය රජ්ජුරුවන්ට උත්තම රූපධාරිනී වූ අග්‍රමහේෂිකාවක් සිටියා. ඔය කාලේ මහාබෝධිසත්වයෝ දිව්‍ය ගුරුළු යෝනියේ ඉපදිලා උන්නේ. ඔය කාලේ ලංකාද්වීපයට අයත් නාගදීපයට කිව්වේ 'සේරුමදීප' කියලයි. ඒ සේරුමද්වීපේ ගුරුළු විමානෙකයි බෝසත් ගුරුළුරාජයා වාසය කළේ.

ඉතින් ඒ ගුරුළුරාජයා සිය ගුරුළු විමානෙන් නික්මිලා බරණැසට එනවා. ඇවිත් මානවකයෙකුගේ වෙස් අරගෙන තම්බ රජුන් සමඟ සූදු ක්‍රීඩාවේ යෙදෙනවා. දවසක් රජ්ජුරුවන්ගේ සේවිකාවෝ අග මෙහෙසියට මෙහෙම කිව්වා. "අනේ දේවී... හරී... පුදුමයි... අපගේ රජ්ජුරුවන් වහන්සේ සමඟ සූදු කෙළින්ට කව්දෝ තරුණයෙක් එනවා... පුදුමාකාර ලස්සනයි. රන්වන් පාටයි. දිව්‍ය රාජයෙක් මනුස්ස ලෝකෙට ඇවිත් වගේ. එක වතාවක් දැක්කොත් දෑස ඉවතට ගන්ට හිතෙන්නෑ."

"හානේ... හැබෑට... මාත් ආසයි ඒ ඇත්තාව දකින්ට" කියා සුසන්ධි බිසොව අලංකාර ඇඳුම් ආයිත්තම්වලින් සැරසී ඇවිත් සූදු මණ්ඩපය අසලදී සේවිකාවන් සමඟ

බලා උන්නා. ගුරුළු රාජයා දේවිය දැක්කා විතරයි දේවියගේ රුවින් වසඟ වී ගියා. දේවිය ඒ මානවකයා දුටු පමණින් ඔහුගේ රුවින් වසඟ වී ගියා. ඒ දෙන්නාට එකිනෙකා කෙරෙහි පිළිබඳ සිත් ඇති වුනා.

එතකොට ගුරුළු රාජයා තමන්ගේ ආනුභාවයෙන් බරණැස් නගරය කැළඹී යන සේ බිහිසුණු සුළඟක් මැව්වා. මාළිගාව කඩා වැටේය කියා හොඳටම භය වූ මිනිස්සු එළියට පැන ගියා. එතකොට ඔහු අන්ධකාරයක් මැව්වා. එක්වරම කලුවර වී ගියා. එසැණින් ගුරුළු රාජයා සුසන්ධි දේවියත් අරගෙන අහසින් සේරුමද්වීපයට ආවා. තමන්ගේ ගුරුළු විමානෙට පිවිසුනා. බරණැස සුළඟ නැවතුනා. අඳුර පහ වී ගියා. සුසන්ධි දේවිය හැර හැමෝම ඉන්නවා. රජ්ජුරුවෝ දේවිය හැම තැනම සොයනවා, වෙච්ච් දෙයක් හොයාගන්ට නෑ.

ගුරුළු විමානෙට ආ සුසන්ධි දේවී සමඟ ගුරුළු රාජයා පවුල් ජීවිතයක් ගෙවන්ට පටන් ගත්තා. නමුත් කලින් වගේම මානවක වෙස් අරගෙන බරණැස ගොහින් රජ්ජුරුවොත් සමඟ සූදු ක්‍රීඩාවේ යෙදෙනවා. තම්බ රජ්ජුරුවන්ට 'අග්ග' නමින් ගාන්ධර්වයෙක් සිටියා. රජ්ජුරුවෝ ගාන්ධර්වයා අමතා මෙහෙම කිව්වා.

"අග්ග, සුසන්ධි දේවියට මොකදෑ වුනේ කියා කිසිම හෝඩුවාවක්වත් නෑ නොවැ. උඹ පලයන් පුතේ, ගොහින් ගොඩබිමත් ජලයේත් සෑම අස්සක් මුල්ලක් නෑර සොයාපං ඈ ගියේ කොයිබදැයි කියා."

එතකොට අග්ග ගාන්ධර්වයා රජ්ජුරුවන්-ගෙන් වියදම් ඉල්ලාගෙන ද්වාරගමේ පටන් සොයා ගිහින් භාරුකච්ඡ නැව්තොටටත් ආවා. ඔය දවස්වල

භාරුකච්ඡයේ සිටි වෙළෙන්දෝ නැව් නැගී සුවණ්ණභූමියට යනවා. අග්ග වෙළෙන්දන් ගාවට ගිහින් මෙහෙම කිව්වා. "මං ගාන්ධර්වයෙක්. මං නැවේදී ඔයාලාගෙන් කිසිම මුදලක් අය නොකොට සංගීතවාදනය කරන්නම්. මාවත් එක්කරගෙන යනවා ද?"

"හා බොහෝම හොඳා" කියා වෙළෙන්දෝ ඔහුවත් නංවාගෙන මුහුදට පිටත් වුනා. ඔවුන් සුවසේ මුහුදු ගමනේ යද්දී ගාන්ධර්වයාට කතා කළා. "කෝ... ඔහේ අපට කිව්වා නොවැ සංගීත වාදනය කරනවා ය කියා. ඉතින් ඇයි තවම පමා?"

"මට සංගීත වාදනය කරන්ට පුළුවනි. නමුත් ටිකාක් බරපතල ප්‍රශ්නයක් තියෙනවා. මං සංගීතය වාදනය කරද්දී මුහුදේ මාළු කැළඹෙන්ට ඉඩ තියෙනවා. උන් කැළඹී ආවොත් නැවට හානි වෙන්ට පුළුවනි. හැබැයි මිනිසුන් අතර විතරක් හිඳගෙන සංගීත වාදනය කළොත් මාළුන්ගේ කැළඹීමක් වෙන්නේ නෑ."

"හා... ඒකට කමක් නෑ. ඔය මාළුවෙක් දෙන්නෙක් නටාවි. ඒකත් හොඳා නොවැ. සංගීතේ වාදනය කරන්ට."

"හරි... මං එහෙනම් සංගීත වාදනයක් කරන්නම්. හැබැයි මුකුත් උනොත් මාත් එක්ක කිපෙන්ට එපා ඕං" කියලා වීණාව එළියට අරගෙන වීණාවේ තත් පිරිමදිමින් මනමෝහනීය මියුරුරාව පතුරවමින් ගීතයක් ගයන්ට පටන් ගත්තා. ඒ මියුරු නාදය පැතිර යද්දී මුහුදේ මාළු එයින් මුසපත් වුනා. එවුන් දහස් ගණනක් වටවී ජලය කළඹන්ට ගත්තා. නැව වේගයෙන් පැද්දුනා. ලොකු මෝරෙක් ජලයෙන් උඩට පැන නැව මැදට වැටුනා. නැව බිඳී ගියා. එතකොට ගාන්ධර්වයා නැවෙන් ගැලවී

ගිය ලෑල්ලක නැග හමාගෙන යන සුළඟට අනුව යමින් සේරුම දූපතට ගොඩ බැස්සා. එහි ගුරුළු විමානය පිහිටි නුගරුක ළඟට ම යි ආවේ. ඔය අවස්ථාවේ ගුරුළු රාජයා බරණැසට ගිහින්. සුසන්ධි බිසොව ගුරුළු විමානෙන් බැස ඇවිත් මුහුදු වෙරළේ ඇවිද ඇවිද සිටියේ. ඈ වෙරළේ සිටි අග්ගව හඳුනාගත්තා. "හානේ... අග්ග... කොහිද ඔයා... මෙහේ? ඔයා කොහොමෙයි මෙහේ ආවේ?" එතකොට අග්ග සෑම දේ ම විස්තර කොට කිව්වා.

"හරි අනේ... ඔයා භය වෙන්ට කාරි නෑ. මං හරීම පාලුවෙන් අනේ හිටියේ. ඔයා ආ එක ලොකු දෙයක්" කියා අග්ගගේ අතින් අල්ලාගෙන විමානයට එක්කරගෙන ගිහින් ඔහුත් සමඟ ක්ලේශ සංසර්ගයේ යෙදුනා. ඔහුට ප්‍රණීත දිව්‍ය භෝජන කන්ට බොන්ට දුන්නා. දිව්‍ය සුවඳ පැන් නාන්ට දුන්නා. දිව්‍ය මල් මාලා පැලැන්දුවා. දිව්‍ය යහනකුත් දුන්නා. ගුරුළු රාජයා එන්ට කලින් ගාන්ධර්වයාව හැංගුවා. ගුරුළු රාජයා ආ විට කිසිවක් නොදන්නා අහිංසකාවියක් වගේ හැසිරුනා. ඔය විදිහට මාසයක් හමාරක් හොර රහසේ ම ගාන්ධර්වයාත් සමඟත් සුසන්ධි දේවී ජීවත් වුනා. ඔය අතරේ බරණැස වෙළඳ පිරිසක් දර පැන් ගෙනියන්ට ඒ නුගරුක අසලට නැව සේන්දු කළා. ඒ වෙලාවේ අග්ගත් ගිහින් ඒ නැවට ගොඩ වෙලා ඔවුන් සමඟ බරණැසට ගියා. ගිහින් තම්බ රජු බැහැ දකින්ට ගියා. ඒ වෙලාවේ තම්බ රජු ගුරුළු රාජයාත් එක්ක සූදු ක්‍රීඩාවේ යෙදිලා සිටියේ. එතැනට ආ අග්ග ගාන්ධර්වයා මේ ගාථාව පැවසුවා.

(1)

තම්බ රජුනි ඔබගේ සුසන්ධි දේවී
- මෙයින් ඈත දූපතක ය සිටින්නේ

මිදෙල්ල මල් සුවඳයි එයි හමන්නේ
- මුහුදු රළේ හඬ අගේට ඇසෙන්නේ
ඇගේ ආලය මට සිහිවෙන විට
- විරහ දුකින් මගෙ හදවත සැලෙන්නේ

අග්ග ගාන්ධර්වයා කියූ මෙය ඇසූ ගමන් මානවක වෙසින් සිටි ගුරුළු රාජයා කලබල වුනා. ඔහුගේ දෑස් ලොකු වුනා. ඔහු අග්ගගෙන් මෙසේ ගාථාවෙන් ඇසුවා.

(2). කොහොමෙයි අග්ග ඔබ -
මහසයුර තරණය කළේ
කොහොමෙයි ඈත තිබෙනා -
සේරුම දූපත දුටුවේ
කොහොමෙයි මෙතරම් ලෙන්ගතු වී -
ඈත් සමඟ ඔබ බැඳුනේ

එතකොට අග්ග ගාන්ධර්වයා ගුරුළු රාජයාටත් තම්බ රජුටත් ඇසෙන්ට මේ ගාථාවන් පැවසුවා.

(3)

භාරුකච්ඡ පටුනේ සිට -
වෙළඳාමේ ගිය වෙළෙඳුන්ගේ නැව
බිඳී ගියා මෝරුන්ගේ පහරින් -
ඒ නැවේ සිටිය මං පණ බේරාගෙන
ලෑලි කඩක නැග මුහුදේ පාවී -
සේරුම දූපතට යි ගොඩ බැස්සේ

(4). ඇගේ ගතින් සඳුන් සුවඳ නිතර හමනවා
මුදු වදනින් මිහිරි තෙපුල් බස් පවසනවා
ළයෙහි උපන් දරුවෙකු පිළිගන්න මවක සේ
ආදරයෙන් මා දෑතින් ගොඩ අරගත්තා

(5). දිව්‍ය කෑම බීමවලින් හොඳින් සලකලා
සළුපිළි හඳවා මා මුදු යහනේ සතපා
ඇගේ පහස ලබා දෙන්ට කටයුතු සලසා
ඈ සතුටු කළා මාව එසේ - තම්බ රජුනි දැනගත මැන

මෙය ඇසූ ගුරුළු රජා මහා විස්සෝපයට පත් වුනා. 'හපොයි මට බැරි වුනා නොවැ මේ ස්ත්‍රිය ගුරුළු විමානෙක හංගලාත් පරිස්සම් කොරගන්ට. මෙවැනි දුසිල් ස්ත්‍රියක් අනේ මට ඕනෑ නෑ' කියා සිතා ඈ රැගෙන ඇවිත් රජ්ජුරුවන්ට භාර දීලා ගියා. එදා පටන් බරණැස පැත්ත පළාතේ ගුරුළු රාජයා ආවේ නෑ."

මෙය වදාළ භාග්‍යවතුන් වහන්සේ චතුරාර්ය සත්‍ය ධර්මය දේශනා කොට වදාළා. ඒ ධර්ම දේශනාවේ අවසානයේ සිවුරු හැර යන්ට සිතා සිටි භික්ෂුව සෝවාන් ඵලයට පත් වුනා. "මහණෙනි, එදා තම්බ රජුව සිටියේ අපගේ ආනන්දයෝ. ගුරුළු රාජයා වෙලා සිටියේ මම" යි කියා භාග්‍යවතුන් වහන්සේ මේ ජාතකය නිමවා වදාළා.

පළමුවැනි මණිකුණ්ඩල වර්ගය යි.

මහාමේඝ ප්‍රකාශන

- **ත්‍රිපිටක පොත් වහන්සේලා :**

01. **දීඝ නිකාය 1 කොටස**
    (සීලක්ඛන්ධ වර්ගය)
02. **දීඝ නිකාය 2 කොටස**
    (මහා වර්ගය)
03. **දීඝ නිකාය 3 කොටස**
    (පාථික වර්ගය)
04. **මජ්ඣිම නිකාය 1 කොටස**
    (මූල පණ්ණාසකය)
05. **මජ්ඣිම නිකාය 2 කොටස**
    (මජ්ඣිම පණ්ණාසකය)
06. **මජ්ඣිම නිකාය 3 කොටස**
    (උපරි පණ්ණාසකය)
07. **සංයුත්ත නිකාය 1 කොටස**
    (සගාථ වර්ගය)
08. **සංයුත්ත නිකාය 2 කොටස**
    (නිදාන වර්ගය)
09. **සංයුත්ත නිකාය 3 කොටස**
    (ඛන්ධක වර්ගය)
10. **සංයුත්ත නිකාය 4 කොටස**
    (සළායතන වර්ගය)
11. **සංයුත්ත නිකාය 5 කොටස**
    (මහා වර්ගය - 1)
12. **සංයුත්ත නිකාය 5 කොටස**
    (මහා වර්ගය - 2)
13. **අංගුත්තර නිකාය 1 කොටස**
    (ඒකක, දුක, තික නිපාත)
14. **අංගුත්තර නිකාය 2 කොටස**
    (චතුක්ක නිපාත)
15. **අංගුත්තර නිකාය 3 කොටස**
    (පඤ්චක නිපාත)
16. **අංගුත්තර නිකාය 4 කොටස**
    (ඡක්ක, සත්තක නිපාත)
17. **අංගුත්තර නිකාය 5 කොටස**
    (අට්ඨක, නවක නිපාත)
18. **අංගුත්තර නිකාය 6 කොටස**
    (දසක, ඒකාදසක නිපාත)
19. **ඛුද්දක නිකාය 1 කොටස**
    (ඛුද්දකපාඨ පාළි, ධම්මපද පාළි, උදාන පාළි, ඉතිවුත්තක පාළි)
20. **ඛුද්දක නිකාය 2 කොටස**
    (විමාන වත්ථු , ප්‍රේත වත්ථු)

- **ධර්ම දේශනා ග්‍රන්ථ :**

01. කියන්නම් සෙනෙහසින් මිය නොයන් හිස් අතින්
02. තෝරාගනිමු සැබෑ නායකත්වය
03. දම් දියෙන් පණ දෙව් විමන් සැප
04. ගිහි ගෙයි ඔබ ඇයි?
05. මෙන්න නියම දේවදූතයා
06. අතරමං නොවීමට...
07. සුන්දර ගමනක් යමු
08. ලෙඩ දුක් වලින් අත්මිදෙමු
09. ලෝකය හැදෙන හැටි
10. මරණය ඉදිරියේ අසරණ නොවීමට නම්
11. අපේ නව වසර බුද්ධ වර්ෂයයි
12. සැබෑ බිරිඳ කවුද?
13. රහතුන්ගේ ධර්ම සාකච්ඡා
14. සැබෑ දියුණුවේ රන් දොරටුව
15. ස්වර්ණමාලී මහා සෑ වන්දනාව
16. ගෞතම සසුනේ පිහිට ලබන්නට...
17. පින සහ අවබෝධය
18. සැබෑ බසින් මෙම සෙත සැලසේවා !
19. සුගතියට යන සැලැස්මක්
20. පිනක මහිම

- **සදහම් ග්‍රන්ථ :**

01. පිරුවානා පොත් වහන්සේ
02. ඔබේ සිත සමඟ පිළිසඳරක්
03. සිතට සුවදෙන භාවනා
04. පින් මතුවෙන වන්දනා
05. ශ්‍රී සම්බුද්ධත්ව වන්දනා
06. සිරි ගෞතම බෝධි වන්දනාව
07. අසිරිමත් පසේබුදු පෙළහර
08. අනේ..! අපේ කථාවත් අහන්න...
09. ධාතුවංශය
10. නුවණැතියන් සද්ධර්මයට පමුණුවන අසිරිමත් පොත් වහන්සේ - නෙත්තිප්පකරණය
11. මහාවංශය
12. පාළි-සිංහල මහා සතිපට්ඨාන සූත්‍ර දේශනාව

- **අලුත් සදහම් වැඩසටහන :**

01. දුක් බිය නැති ජීවිතයක්
02. දස තථාගත බල
03. දෙව්ලොව උපත රැකවරණයකි
04. නුවණ වැඩීමට පිළියමක්
05. ලොවෙහි එකම සරණ
06. මෙන්න දුකේ රහස
07. නුවණ ලැබීමට මුල් වන දේ
08. නිවැරදි ලෙස දහම දැකීම
09. මොකක්ද මේ ක්ෂණ සම්පත්තිය?
10. පඤ්ච උපාදානස්කන්ධය
11. ප්‍රඥාවමයි උතුම්
12. නුවණින් විමසීම අපතේ නොයයි
13. පිහිටක් තියෙනවා ම යි
14. කොහොමද පිහිට ලැබගන්නේ...?
15. බුදු නුවණින් පිහිට ලබමු
16. අසිරිමත් දහම් සාකච්ඡා
17. දිව්‍ය සභාවක අසිරිය
18. ආර්ය ශ්‍රාවකයාගේ අවබෝධය
19. අසිරිමත් මහාකරුණාව!
20. විස්මිත පුහුණුව
21. අපට සොඳ ය සියුම් නුවණ
22. දුකෙන් මිදෙන්ට ඕනෑ නැද්ද?
23. නුවණැත්තෝ දකිති දහම
24. තමාට වෙන දේ තමාවත් නොදනියි
25. දැන ගියොත් තිසරණයේ, නොදැන ගියොත් සතර අපායේ
26. විහින් අමාරුවේ වැටෙන්න එපා!

- **ඉංග්‍රීසි භාෂාවට පරිවර්තනය වී ඇති ධර්ම දේශනා ග්‍රන්ථ :**

01. Mahamevnawa Pali-English Paritta Chanting Book
02. The Wise Shall Realize
03. The life of Buddha for children
04. Buddhism

- **ඉංග්‍රීසි භාෂාවට පරිවර්තනය වී ඇති සූත්‍ර දේශනා ග්‍රන්ථ :**

01. Stories of Ghosts
02. Stories of Heavenly Mansions
03. Stories of Sakka, Lord of Gods
04. Stories of Brahmas
05. The Voice of Enlightened Monks
06. The Voice of Enlightened Nuns
07. What Does the Buddha Really Teach? (Dhammapada)
08. What Happens After Death - Buddha Answers
09. This Was Said by the Buddha

පූජ්‍ය කිරිබත්ගොඩ ඤාණානන්ද ස්වාමීන් වහන්සේ විසින් රචිත සියලුම සදහම් ග්‍රන්ථ සහ ධර්ම දේශනා ලබාගැනීමට

ත්‍රිපිටක සදහම් පොත් මැදුර

අංක 70/A/7/OB, YMBA ගොඩනැගිල්ල, බොරැල්ල, කොළඹ 08

දුර : 077 47 47 161 / 011 425 59 87

ඊ-මේල් : thripitakasadahambooks@gmail.com

www.ingramcontent.com/pod-product-compliance
Lightning Source LLC
Chambersburg PA
CBHW070550030426
42337CB00016B/2431
* 9 7 8 9 5 5 6 8 7 1 6 1 6 *